MÉTHODE

POUR

LA CONFECTION DES ROLES

DES

CONTRIBUTIONS DIRECTES.

MÉTHODE

POUR LA

CONFECTION DES ROLES

DES

CONTRIBUTIONS DIRECTES

GRENOBLE
IMPRIMERIE F. ALLIER PÈRE ET FILS, GRANDE-RUE, 8, COUR DE CHAULNES

1868

AVANT-PROPOS.

La loi du 3 frimaire an VIII (24 novembre 1799) portant établissement des Directions des contributions directes, s'exprime ainsi dans son article 5 :

« La Direction des contributions sera chargée uniquement de la » rédaction des matrices de rôles, d'après le travail préliminaire et » nécessaire des répartiteurs, — de l'expédition des rôles — et de la » vérification des réclamations faites par les contribuables, etc. »

Les RÉPARTITIONS, la rédaction des MATRICES qui comprend, pour leur mise à jour chaque année, les MUTATIONS, ne sont que des préliminaires par lesquels on passe pour arriver à établir le rôle, comme l'instruction des RÉCLAMATIONS est le moyen, après le rôle fait, de réparer, pour l'année courante, les irrégularités qu'il a pu contenir : — préliminaires qui embrassent des opérations très étendues, très compliquées, le cadastre, par exemple, qui est la base de la répartition foncière. Mais le rôle, la confection du rôle, tel est le but, l'objet final de l'institution des Directions.

En effet, le rôle est le registre qui présente la liste nominative des contribuables d'une commune avec les éléments et le montant des cotisations de chacun d'eux, et qui, une fois revêtu de l'homologation préfectorale, forme le titre en vertu duquel l'impôt direct est perçu.

A l'origine du régime financier actuel de la France (1790), les contributions perçues en vertu de rôles nominatifs n'étaient qu'au nombre de deux : la foncière et la mobilière. Les patentes, dont la perception avait été, un moment, confiée à la régie de l'enregistrement, leur furent bientôt adjointes; enfin, la taxe des portes et fenêtres, créée par la loi du 4 frimaire an VII (24 novembre 1798) compléta l'ensemble d'impôts directs qui subsiste encore aujourd'hui et qui forme la branche la plus importante des revenus de l'État (1). Les rôles destinés au recouvrement de ces impôts se nomment, dans le langage financier, Rôles généraux.

Il existe d'autres taxes perçues également en vertu de rôles nominatifs, dont la confection est venue s'ajouter successivement aux attributions des Directions. Les unes dérivent des contributions directes mêmes, n'en sont qu'un supplément, et ne donnent lieu à la formation de rôles supplémentaires que par suite de circonstances particulières qui ne permettent pas de les comprendre dans les rôles généraux.

Telles sont :

Les impositions supportées par les propriétés de l'État;

Les impositions pour biens sortis du domaine de l'État;

Les patentes supplémentaires;

Les cotisations omises aux rôles généraux;

D'autres, créées en vue de services ou d'objets spéciaux, ont été assimilées aux contributions directes, savoir :

Les redevances des mines (1810);

Les rétributions pour la vérification des poids et mesures (1825);

La taxe des biens de mainmorte (1849), — perçues au compte de l'État.

Les droits établis pour frais de visite chez les pharmaciens, droguistes et épiciers (1868).

Il en est qui n'ont pour objet que l'intérêt communal. Le concours de la Direction est prescrit dans le but de garantir l'exactitude de la

(1) La contribution foncière figure au budget pour .... 305 millions.
— personnelle-mobilière .... 83 —
— portes et fenêtres .... 52 —
— patentes .... 95 —
TOTAL..... 535 millions

formation des rôles, et l'État, quoique les produits n'en soient pas destinés à ses dépenses, en constate le montant et en fait opérer le recouvrement. Dans cette catégorie se trouvent :

1° Les impositions communales extraordinaires;

2° Les impositions additionnelles perçues pour subvenir aux frais de bourses et chambres de commerce (1801) ;

3° Les prestations en nature (1836);

4° La taxe municipale sur les chiens (1856).

D'autres se rattachent à des intérêts privés ou s'appliquent à des objets tout à fait en dehors du service des contributions directes. La Direction intervient dans la confection des rôles en vertu d'une décision ministérielle (circul. du 9 octobre 1839) qui a statué que les directeurs ne pourraient refuser de les établir, mais, sans qu'il en résulte pour eux ni pour les contrôleurs, l'obligation de recueillir, dans les communes, les bases de l'assiette de ces taxes. Cette dernière classe comprend :

1° Les taxes imposées pour la conservation et la réparation des digues et autres ouvrages d'art intéressant des communautés d'habitants ou de propriétaires (syndicats) ;

2° Les taxes de desséchement ou d'arrosement (syndicats);

3° Les contributions à imposer sur les bains, les fabriques et les dépôts d'eaux minérales pour subvenir au traitement des médecins inspecteurs de ces établissements.

Enfin, la Direction est tenue de dresser, à la demande des propriétaires, des rôles auxiliaires pour faciliter le paiement de la contribution foncière par les fermiers.

Les rôles des contributions directes ou des taxes assimilées se divisent donc en deux grandes catégories, la première, comprenant les ROLES GÉNÉRAUX; la seconde, les ROLES SPÉCIAUX et les ROLES SUPPLÉMENTAIRES ; division que nous suivons ici.

Un mot sur les circonstances qui ont donné naissance à cet opuscule.

Ayant eu, dans les fonctions de Directeur, à m'occuper des détails de la confection des rôles, je sentis le besoin de me tracer une méthode. Une fois tracée, je la soumis à un premier commis de mes amis fort expérimenté. Il voulut bien revoir mon projet; il le fit avec tant de soin et d'entente des détails que l'œuvre est devenue sienne plus que mienne. J'en avais conçu le plan et tracé les principaux linéaments; il en a refait le texte presque entièrement.

Un travail de la nature de celui-ci gagnerait beaucoup en clarté, si, après un résumé succinct de l'enchaînement des opérations on plaçait, sur la première page du modèle de chaque tableau, les explications relatives à la manière de le dresser; explications qui embarrassent ici, parfois, l'exposé de la méthode et font perdre le fil conducteur. Mais ce moyen exigerait l'annexion d'une longue série de tableaux dont l'impression serait très coûteuse et n'a pas pu être employé.

On ne se dissimule pas les imperfections de toutes sortes de ce travail : néanmoins on s'est décidé à le publier, dans la pensée qu'il pourra devenir le centre qui reliera des idées meilleures, centre sans lequel les fruits de l'expérience resteraient ignorés. Que toutes les personnes qui s'occupent de cette matière veuillent bien adresser à l'éditeur les communications propres à améliorer la méthode; ces communications seront reçues avec reconnaissance et examinées avec le désir sincère de donner la préférence aux procédés les meilleurs; et, dans une seconde édition, on pourra mettre à profit les bonnes idées de chacun.

Tel qu'il est, cet opuscule offrira encore, on l'espère, quelque utilité aux jeunes gens qui entrent dans la carrière des contributions directes, et qui, pour bien faire dans les difficiles fonctions de premier commis, ne demandent qu'à être bien guidés. Pouvant s'aider d'une méthode sûre, ils ne reculeront plus devant ces fonctions par crainte des difficultés de la confection des rôles.

G.

I^{RE} SECTION

ROLES GÉNÉRAUX.

§ 1.

Etat des centimes le franc en principal.

Les contributions foncière, personnelle-mobilière et des portes et fenêtres sont des impôts de répartition; les patentes sont un impôt de quotité. Dans l'impôt de répartition, on le sait, la somme totale à recouvrer, ou contingent, est fixée d'avance, et la cote de chaque contribuable varie en raison du total à obtenir. Dans l'impôt de quotité, la cote de chaque redevable est déterminée par les tarifs de la loi; et c'est le montant total, formé de la réunion des cotes individuelles, qui varie suivant leur nombre et leur quotité.

De cette différence fondamentale dans la nature des impôts, découlent deux modes différents d'opérer pour en établir les rôles. Dans les premiers, il faut, pour arriver à déterminer la quote-part de chaque redevable, connaître d'abord le contingent total à comprendre dans le rôle, c'est-à-dire, puisque les rôles sont établis par commune, le contingent communal; ce qui n'a pas lieu pour le second.

Il est une autre distinction non moins essentielle à rappeler. En vue de simplifier les opérations annuelles, on a reconnu l'avantage de ne pas avoir à remanier, chaque année, la base même de l'impôt; mais d'avoir une partie invariable, comme un minimum au-dessous duquel l'impôt ne descendrait pas, les variations en plus ou en moins ne devant porter que sur ce qui serait ajouté en sus de cette partie principale; en d'autres termes, on a distingué le *principal* et les *centimes additionnels.* « Cette distinction, qui « a toujours eu lieu, disait le Comité de l'imposition, dans son rapport « du 4 septembre 1790 à l'Assemblée nationale, sur la contribution foncière, « est un moyen pour rendre plus facile l'opération qui détermine la pro- « portion de la contribution avec les revenus, et aussi la confection des rôles

« de laquelle il est si important d'écarter tout ce qui pourrait embarrasser les « officiers municipaux. En effet, la somme totale de la contribution pouvant « varier annuellement d'après les besoins de l'État et d'après l'ensemble des « moyens que les législatures prendront pour y subvenir, ce serait, chaque « année, une somme nouvelle à comparer avec le revenu net; il faudrait aussi « de nouveaux calculs assez compliqués pour établir les rôles. Et ce travail, à « répéter tous les ans, peut être considérablement abrégé si l'on fixe une « somme quelconque qui reste constante, ou du moins que les législatures « puissent laisser subsister autant qu'elles le trouveront commode, pour servir « de terme commun à tous les calculs devenus ainsi courts, faciles et clairs. « Votre Comité n'a pas cru que le funeste abus fait par le génie fiscal de la « méthode des sols pour livre dût lui faire rejeter un moyen qui présente de « véritables avantages . . . .

« Rien ne peut vous empêcher d'adopter une mesure qui, rendant plus faciles « les opérations du Corps législatif et celles des Administrations, mettra « encore tout contribuable à portée de connaître, par une simple règle de « trois, de quelle somme sa cote devra s'accroître ou se diminuer, d'après « l'augmentation ou la diminution totale que la législature aura décrétée (1). »

De la distinction précitée, on voit ressortir deux ordres d'opérations dans la confection des rôles : d'une part, la détermination du principal; de l'autre, celle des centimes additionnels.

Les augmentations et les diminutions du principal des impôts de répartition se déterminent en appliquant le centime le franc en principal aux revenus imposables constatés par le travail annuel des mutations confié aux

---

« (1) Il est peut-être utile de prouver, ici par un exemple, les avantages de cette division » de la contribution en principal et en sols pour livres.

» Supposons d'abord, qu'une somme de 240 millions ait été répartie, et qu'on y ait ajouté 5 sols » pour livres, afin d'obtenir la somme nécessaire de 300 millions ; si, l'année d'après, on n'a » besoin que de 287 millions, on n'aura d'autres changements à faire que de demander 3 sols 11 » deniers pour livres de l'imposition principale au lieu de 5 sols. Si, au contraire, on avait im- » médiatement imposé les 300 millions, il faudrait diminuer toutes les cotes dans le rapport de » 287 à 300, ce qui est beaucoup plus compliqué.

» De plus, supposons que 240 millions représentent une portion quelconque du revenu, le » sixième par exemple ; dans le premier cas, on sait qu'on paie cette portion plus tant de sols » pour livres dans une année, et qu'on doit payer tant de sols pour livres dans l'année suivante, » ce que tout le monde entend. Dans le second cas, les 300 millions seraient aussi une portion » du revenu, par exemple, le vingt-quatrième dans la même supposition ; mais si au lieu de » 300 millions, on en demande 287, la portion qu'on exige sera égale aux 287 mille quatre » cents quarantièmes du revenu, rapport difficile à saisir par ceux des contribuables qui ne » sont pas accoutumés à faire des calculs.

répartiteurs et au contrôleur (instruction du 18 décembre 1853). Ces centimes le franc sont eux-mêmes déterminés, pour chaque commune, de la manière suivante :

Foncière : On divise le contingent en principal par le revenu cadastral total (le principal se trouve sur les états du sous-répartement, col. 7, le revenu cadastral total, sur la deuxième partie de l'état du montant des rôles, col. 20). Le quotient est le centime le franc cherché.

Personnelle-mobilière : On relève le principal dans la col. 15 des états du sous-répartement. On retranche du principal le montant des taxes personnelles, et on divise le reste par le montant total des loyers d'habitation. Le montant des taxes personnelles et celui des loyers d'habitation se trouvent sur la deuxième partie de l'état du montant des rôles (Col. 12, 21). Il arrive quelquefois que le contingent en principal est moins élevé que le produit des taxes personnelles. Dans ce cas, on ne peut déterminer de centime le franc ; et pour avoir le montant par article de la contribution en principal, non-seulement il n'y a pas à ajouter de cotisations mobilières à la cote personnelle, mais il faut réduire cette dernière dans la proportion pour laquelle le produit des taxes personnelles dépasse le principal ; autrement dit, diviser le principal par le nombre des taxes personnelles (col. 6 et 18).

Portes et fenêtres : On établit le produit, d'après le tarif de la loi, de toutes les ouvertures imposées ; puis on divise le contingent en principal par ce produit. Le produit suivant la loi se relève sur les matrices générales (2e col. du cadre annuel).

Il est superflu d'ajouter que l'on s'assure, par l'addition, de l'exactitude des chiffres posés ; les totaux du principal doivent concorder avec ceux des états du sous-répartement ; les totaux des cotes personnelles et des loyers d'habitation avec ceux de l'état du montant des rôles.

La détermination des centimes le franc nécessite, pour chaque commune, trois divisions à trois ou quatre décimales ; c'est donc un travail qui exige beaucoup de temps et que l'on fait bien d'entreprendre à l'avance. On ne connaît pas de disposition réglementaire qui ait fixé le nombre de décimales à donner aux centimes le franc. Toutefois, une note sur le service de l'inspection générale des finances (*Bulletin* Dupont, IVe volume de la deuxième

---

Nota. Il est une précaution qu'il importe de ne pas négliger : c'est d'inscrire toujours les communes dans le même ordre, sur les différents états. On opère, en général, par arrondissement et par perception ; il semble donc que c'est cet ordre qu'il convient d'adopter de préférence, en ayant soin de faire suivre, dans chaque arrondissement, les perceptions d'un même contrôle, afin de faciliter les récapitulations qu'il est nécessaire d'établir tantôt par arrondissement, tantôt par contrôle.

partie, page 567) porte que « l'approximation est suffisante, lorsque le nombre « des chiffres exprimant les fractions de centime dans le centime le franc est « égal au nombre des chiffres dont se compose le revenu ou la valeur loca- « tive, abstraction faite des centimes. » Dans la pratique, sauf quelques cas tout à fait exceptionnels, quatre chiffres suffisent pour les centimes le franc en principal.

Au lieu d'exécuter le calcul à la Direction, ce qui exige un temps considérable, il est des départements où on le fait faire par les expéditionnaires chargés de l'établissement des taxes. A cet effet, on emploie des *Feuilles de tarif* disposées de manière à offrir tous les détails appropriés à l'utilité qu'on peut en tirer. L'administration ne se refuse pas à comprendre le prix de ces feuilles dans les frais de la confection des rôles. A l'époque de la confection, le calculateur des taxes reçoit un cadre de l'espèce, avec la matrice générale et la feuille de tête du rôle qui énonce les contingents ; il remplit ces différentes pièces en ce qui concerne le travail dont il est chargé, et, après avoir effectué la répartition des trois contributions, il rapporte le tout à la Direction. Les feuilles de tarif sont réunies et enliassées dans l'ordre accoutumé, et on y trouve, pour l'année suivante, tous les éléments propres à déterminer le chiffre des augmentations et des diminutions à faire subir aux contingents. Cette manière d'agir allège sensiblement le fardeau de la Direction. La vérification, si on la juge utile, est toujours moins longue que le travail lui-même, surtout si on la fait à l'aide des tables de multiplication (Oyon), ou, mieux encore, des tarifs à quatre chiffres (Cadet).

Pour la facilité des diverses opérations dans lesquelles les centimes le franc sont employés, on peut en faire le relevé dans un état spécial (1).

---

(1) L'état se compose de douze colonnes, savoir :

1. Noms des communes.

2.	Foncière	Principal.
3.		Revenu cadastral total.
4.		Centime le franc.
5.	Personnelle-mobilière	Principal.
6.		Montant des cotes personnelles.
7.		Reste.
8.		Montant des loyers d'habitation.
9.		Centime le franc.
10.	Portes et fenêtres	Principal.
11.		Produit résultant du tarif de la loi.
12.		Centime le franc.

§ 2.

État des propriétés non bâties devenues imposables ou ayant cessé de l'être, et donnant lieu à augmentation ou diminution des contingents fonciers.

Dès le mois de mars, et même plus tôt, si faire se peut, on s'occupe de la formation de cet état, les Directions se trouvant alors moins surchargées de travaux et les pièces des mutations étant revenues de chez les contrôleurs. La circulaire du 6 mars 1847 (nº 146) qui en tracé le modèle, prescrit de le remettre au Préfet assez à temps pour qu'il soit transmis à l'Administration avant le 1er avril, avec les feuilles de mutations constatant les augmentations et diminutions de matière imposable. Dans certaines circonstances particulières que la circulaire nº 449 laisse aux Directeurs le soin d'apprécier, il est rédigé des états supplémentaires.

C'est sur les feuilles de mutations et sur les états de *Situation ancienne et nouvelle* (modèle nº 18 de l'instruction du 18 décembre 1853, dernière page) qu'on trouve les renseignements nécessaires à la formation du document dont il s'agit, dans lequel on ne doit comprendre que les changement résultant d'accroissements ou de pertes réels de matière imposable ; d'où il suit qu'on ne doit pas y faire figurer les simples rectifications d'erreurs, ni les parcelles imposées à titre de réparation d'omission. On ne doit pas nons plus y inscrire les faits d'un intérêt départemental ou communal, survenus antérieurement à la circulaire du 23 mai 1845, nº 81.

Le centime le franc qui doit servir à déterminer les augmentations et les diminutions d'impôt, ne peut être que celui de l'année dans laquelle on opère. Quant aux résultats de l'application de ce centime le franc, le 8e § des explications faisant suite à la circulaire du 2 septembre 1835, avait admis des centimes ; mais à partir de 1841 (circulaire du 23 juillet 1840, nº 23), les contingents ont dû être fixés en sommes rondes, et le modèle annexé à la circulaire précitée nº 146, indique que la contribution en principal doit être exprimée *en francs* seulement.

Le 3e § de l'article 64 de l'instruction du 18 décembre permet, pour la constatation des accroissements et des pertes de matière imposable en propriétés non bâties, l'emploi d'un état collectif analogue à celui dont on se sert pour les propriétés bâties (n° 11). Il y aurait certainement un avantage réel à adopter cette manière d'opérer, seulement l'expérience a prouvé que, fort souvent, on comprend dans ces états des modifications de nature à donner lieu à des mutations applicables sur les matrices, mais non susceptibles de faire varier les contingents. Les contrôleurs ne faisant pas toujours, à ce sujet, les distinctions convenables, il s'ensuit que les états collectifs renferment des détails qui ne devraient figurer que sur les feuilles de mutations, et qu'il faut alors opérer des radiations qui y introduisent de la confusion et un regrettable défaut de netteté. Il est donc préférable de s'en tenir aux feuilles de mutations rédigées conformément aux dispositions des articles 58 et suivants de l'instruction précitée.

§ 3.

État des diminutions et augmentations à faire subir aux contingents, par suite de démolitions et constructions nouvelles ou reconstructions. (*Voir* le modèle à la fin.)

Le tableau dont il s'agit a pour but non-seulement de fournir les éléments nécessaires à la fixation annuelle des contingents sur les états de sous-répartement, mais encore tous les détails dont on aura besoin pour la rédaction des *Tableaux présentant les éléments de répartition* que les Directeurs ont à fournir, chaque année, à la Préfecture, et qui sont destinés à être mis sous les yeux des conseils répartiteurs (*Voir* § 9). On doit y trouver aussi les éléments du *Registre des valeurs locatives* et des résumés à en fournir à l'Administration (*Voir* § 10). Ce doit être, en un mot, un dépouillement complet des états nº 11 (1).

Il va sans dire que ces états sont soigneusement examinés au fur et à mesure de leur arrivée à la Direction, renvoyés au contrôleur pour être rectifiés par lui, s'ils ne peuvent l'être dans les bureaux, et qu'enfin les calculs sont effectués, les résultats dépouillés successivement de manière à être au courant au moins à la fin de chaque semaine, et qu'on puisse les inscrire sur les états de sous-répartement aussitôt leur réception, dresser la récapitulation nº 5 et entreprendre immédiatement la formation de l'état du montant des rôles.

---

(1) Le modèle nº 11 de l'instruction du 18 décembre 1853, dressé pour le travail du contrôleur, ne présente pas, au bas de l'imprimé, tous les détails nécessaires pour établir les résultats à porter par la Direction sur les états de sous-répartement. Pour avoir des renseignements d'une application facile, il conviendrait d'ajouter à ce tableau, au-dessous de la ligne des totaux et de celle de l'application des centimes le franc ou tarif, une dernière ligne destinée à énoncer définitivement le montant en principal des sommes à inscrire dans les états de sous-répartement.

En ce qui concerne les maisons vacantes ou celles occupées par les indigents et dont on n'a pu retrouver les bases de cotisation dans les matrices générales, les contrôleurs ont dû se conformer aux dispositions des circulaires n°s 92, 119 et 429. La dernière a dérogé, dans une certaine mesure, aux prescriptions de l'art. 79 de l'instruction générale du 18 décembre.

Quant aux vérifications nécessaires pour s'assurer de l'exactitude des multiplications, après avoir opéré suivant la méthode ordinaire du calcul, on peut encore se servir des tables de multiplication à trois ou à quatre chiffres. Ce moyen suffit et abrège singulièrement le travail. Ce sont également les centimes le franc (en principal) de l'année courante qu'il faut appliquer, puisque ceux de l'année dont on prépare les contingents, ne sont pas encore connus. Au reste, sauf le cas de changements extraordinaires, effectués en dehors des modifications résultant du mouvement de la matière imposable, les centimes le franc en principal doivent peu varier d'une année à l'autre, puisque les augmentations et les diminutions ont presque toujours des termes correspondants dans les bases de répartition et dans les contingents.

Le tableau peut être préparé à l'avance, en mars ou avril, c'est-à-dire avant l'ouverture de la tournée des mutations; on y remplit les colonnes 1, 2, 11, 12, 36 et 37.

Col. 1. Les noms des communes sont inscrits dans l'ordre indiqué plus haut. Le chef-lieu de chaque perception, placé en tête, est écrit en caractères un peu gros. Cela suffit pour le désigner, et dispense d'ouvrir une colonne spéciale sous le titre de *perceptions*.

Col. 2. 12, 37. Les centimes le franc ou proportions sont tirés des feuilles de tarifs.

Col. 11. Le taux de la taxe personnelle est également pris dans les feuilles de tarifs, ou relevé d'après le tableau de la fixation arrêtée par le conseil général dans sa dernière session.

Col. 3 à 10, 13 à 21, 25 à 34, 38 à 46, 48 à 66, 68 à 77. Toutes ces colonnes sont remplies à mesure de l'arrivée des tableaux n° 11, sur lesquels les différents calculs sont opérés.

Col. 6, 10, 21, 34, 57 et 77. Pour les sommes à inscrire dans ces colonnes, on néglige les fractions de franc inférieures à 50 centimes et on complète le franc toutes les fois que les fractions s'élèvent de 50 à 99 centimes.

Col. 22 à 24. Suivant une note placée sur le cadre de la récapitulation (n° 5) des sous-répartements, la valeur locative des propriétés démolies est calculée d'après le procédé usité pour la tenue du registre prescrit par la circulaire du 8 septembre 1838. Or, le procédé dont il s'agit est indiqué dans la circulaire n° 79 : il consiste à déterminer, pour chaque commune, la proportion existante entre le contingent mobilier en principal et le montant des valeurs locatives inscrites sur le registre prescrit par la circulaire du 8 septembre 1838, et à appliquer cette proportion aux taxes mobilières portées dans la colonne 7 du tableau A, joint à la circulaire n° 67, devenue colonne 22 du modèle n° 11 de l'instruction du 18 décembre 1853. Pour en faire l'application, on divise le montant total des valeurs locatives inscrites dans le registre désigné ci-dessus (4e col. de la dernière année) par le contingent en principal, déduction faite du montant des taxes personnelles (cette déduction est rationnelle, cependant il est à remarquer que la circulaire n° 79 garde le silence à cet égard); et avec la proportion qui résulte de cette division, on multiplie le total des cotes mobilières relevées dans la 32e colonne du cahier de dépouillement; le produit est porté dans la 38e colonne de cet état.

Si le moyen qui vient d'être expliqué atteint son but en ce qui concerne les maisons dont la contribution mobilière peut être déterminée, il n'en est pas de même à l'égard des bâtiments ou des usines non passibles de cette contribution (hangars, halles, boutiques, magasins, moulins, tanneries, etc., etc), ainsi que des maisons qui font l'objet de la circulaire n° 429. Il est évident qu'on ne peut obtenir la valeur réelle de ces propriétés qu'en appliquant au revenu cadastral la proportion du rehaussement dont il est susceptible pour être ramené au revenu vrai. La circulaire précitée, n° 79, ne s'explique pas sur ce point, de sorte qu'on n'est pas fixé sur la proportion dont on peut faire usage. Celle qui semble le mieux convenir dans ce cas particulier, résulte de la dernière évaluation des revenus territoriaux, en prenant garde, toutefois, qu'elle produirait un revenu *net* tandis que c'est un revenu *brut* qu'il s'agit de constater. Les chiffres obtenus doivent donc être rehaussés du tiers ou de la moitié, pour le quart ou le tiers qui a été déduit, selon qu'il s'agit de bâtiments assimilés aux maisons, ou d'usines proprement dites. On peut, à la vérité, objecter que, par le mode qu'on vient d'exposer, on obtient, pour les propriétés qui y sont soumises, la valeur réelle *actuelle*, tandis que l'évaluation résultant du procédé énoncé plus haut pour les maisons, exprime une valeur qui se rapporte à des opérations dont l'origine remonte à 1832; mais on ne saurait guère arriver autrement à l'appréciation du véritable loyer des bâtiments non imposables à la contribution mobilière.

Col. 35 et 78. On annote dans ces colonnes les faits particuliers consignés dans les états n° 11, et qui amènent des différences entre les nombres des propriétés démolies, col. 3, 13 et 38, de même qu'entre les nombres des constructions nouvelles, col. 7 et 25, afin d'en rendre compte sommairement, dans la récapitulation n° 5.

Il est nécessaire de s'assurer, par un collationnement, que les détails puisés dans les états n° 11 ont été exactement transcrits sur le tableau de dépouillement. Ce collationnement fait, on peut constater l'exactitude de plusieurs résultats par les vérifications suivantes, savoir:

Contribution personnelle-mobilière. — 1° Pour le produit des taxes personnelles, col. 18, en groupant le nombre de ces taxes par catégorie et en appliquant à chaque groupe, le taux fixé par le conseil général;

2° Pour les colonnes de totaux, 15, 20, 24, 27 et 30, il est à peine utile de faire remarquer que chacune d'elles est formée de la réunion des deux précédentes;

3° Pour la 32e qui indique la valeur locative de l'habitation personnelle, il est également facile de voir que cette valeur résulte de la déduction du montant de la 31e colonne, opérée sur le chiffre de la trentième;

4° Pour le 20e de la valeur locative (col. 33), après l'avoir calculé pour chaque commune, il va sans dire qu'il faut opérer le même calcul pour l'ensemble, ce qui vérifie le total de la colonne;

5° Pour la fixation en sommes arrondies des diminutions ou des augmentations à faire subir aux contingents (col. 21 et 34), il suffit d'en comparer les totaux à ceux des colonnes précédentes, en tenant compte du nombre des fractions négligées ou forcées.

Cette dernière remarque s'applique également aux colonnes 6 et 10 de la contribution foncière.

Contribution des portes et fenêtres. — 6° Pour les totaux, col. 47 et 67, des nombres de portes et fenêtres, col. 39 à 46 et 59 à 66, en réunissant, d'une part pour les démolitions, les nombres inscrits dans les colonnes 39 à 42, à ceux des maisons à 2, 3, 4 et 5 ouvertures, multipliés par le nombre de chaque catégorie; et, d'une autre part, en opérant de la même manière, pour les constructions, col. 59 à 66;

7° Pour le produit du tarif de la loi du 21 avril 1832, colonnes 48 à 55 et 68 à 75, en agglomérant les nombres des colonnes 39 à 46, et 59 à 66, par catégorie de population, et en y appliquant les taux correspondants de ce tarif;

8° Pour les totaux des colonnes 56 à 76, par la réunion des colonnes 48 à 55 et 68 à 75.

ÉTAT *des diminutions et des augmentations à faire subir aux contingents, par suite de démolitions et de constructions nouvelles.* (§ 3, page 15.)

DÉPOUILLEMENT DES ÉTATS N° 11.

1re Partie : **Contributions foncière et personnelle-mobilière.**

1 Noms des communes.

Contribution foncière.

Démolition.
2 Nombre de propriétés démolies.
3 Revenu imposable des propriétés démolies.
4 Contribon afférente à ces propriétés (à retrancher du contingent).

Construction.
5 Nombre de propriétés nouvellement construites.
6 Revenu imposable des propriétés nouvellement construites.
7 Contribution afférente à ces propriétés (à ajouter au contingent).

Contribution personnelle-mobilière.

Démolitions.
Nombre
8 de maisons
9 d'usines.
10 Total.
11 Nombre de taxes personnelles des maisons démolies.
12 Valeurs locatives imposables des maisons démolies.
13 Contribution à retrancher du contingent.
Valeurs locatives réelles des propriétés démolies
14 Calculées conformément à la circulaire n° 79 pour les maisons imposées.
15 Maisons non imposées.—Indigence, vacance, etc., etc. circul. n° 429.
16 Usines.
17 Total.

Constructions.
Nombre
18 de maisons.
19 d'usines.
20 Total.
Valeurs locatives réelles. 32e col. de l'état n° 11.
21 Maisons.
22 Usines.
23 Total.
24 A déduire du total ci-contre pour les locaux affectés au commerce ou à l'industrie, ou dans les cas prévus par la circul. n° 429.
25 Reste pour l'habitation dans les locaux imposables.
26 20e de la valeur ci-contre, ou contribution à ajouter au contingent.
27 Observations.

2e Partie : **Contribution des portes et fenêtres.**

28 Noms des communes.

Contributions des portes et fenêtres.

Démolitions.
29 Nombre de propriétés démolies.
Nombre des portes et fenêtres des maisons à 6 ouv. et au-dessus.
30 Portes cochères, charretières et de magasin.
31 Ouvert. ordinaires du rez-de-chaussée, 1er et 2e étage.
32 Fenêtres du 3e étage et au-dessus.
Nombre de maisons à
33 1 ouverture.
34 2 ouvertures.
35 3 ouvertures.
36 4 ouvertures.
37. 5 ouvertures.
38 à 46 Produit du tarif annexé à la loi du 21 avril 1832. (Mêmes colonnes que les 8 précédentes.)
47 Application du centime le franc en principal, ou sommes à retrancher du contingent.

Constructions.
48 Nombre de propriétés nouvellement construites ou reconstruites.
Nombre des portes et fenêtres des maisons à 6 ouv. et au-dessus.
49 Portes cochères, charretières et de magasin.
50 Ouvert. ordinaires du rez-de-chaussée, 1er et 2e étages.
51 Fenêtres du 3e étage et au-dessus.
Nombre de maisons à
52 1 ouverture.
53 2 ouvertures.
54 3 ouvertures.
55 4 ouvertures.
56 5 ouvertures.
57 à 65 Produit du tarif annexé à la loi du 21 avril 1832. (Mêmes colonnes que les 8 précédentes.)
66 Application du centime le franc en principal, ou sommes à ajouter au contingent.
67 Observations.

§ 4.

Circulaire annuelle du répartement.

Cette circulaire fait connaître au Directeur les contingents assignés au département par la loi annuelle de finances, dans les trois impôts de répartition, foncier, personnel-mobilier, portes et fenêtres, avec les modifications à opérer à ces contingents :

1° Pour des propriétés non bâties devenues imposables ou ayant cessé de l'être ;

2° Pour des réunions ou distractions de territoires entre départements ;

3° Pour passage de communes dans des catégories de population supérieures ou inférieures.

Les modifications résultant de ces différentes causes étant appliquées quant au contingent départemental, par l'Administration centrale, la Direction n'a pas à le faire, mais elle doit fournir les éléments nécessaires pour que le conseil général modifie en conséquence les contingents des arrondissements, et les conseils d'arrondissement ceux des communes.

Ainsi, au moment où elle reçoit la circulaire du répartement, la Direction se met en mesure de fournir à la préfecture, avec un rapport d'ensemble :

1° L'état par commune et par arrondissement, des diminutions et des augmentations de contingents résultant des propriétés non bâties (§ 12), afin que, comme l'administration l'a fait pour le contingent départemental, les conseils puissent y avoir égard dans les répartitions dont ils sont respectivement chargés ;

2° Les tableaux nos 6 et 7 présentant les éléments de répartition des contributions personnelle-mobilière et des portes et fenêtres ;

3° Les réclamations qui auraient été présentées contre les contingents, accompagnées de rapports contenant les résultats de l'instruction dont elles ont dû être l'objet ;

4° Les renseignements nécessaires pour opérer, s'il y a lieu, les transports de contingents occassionnés par des changements de limites ;

5° S'il y a lieu, la désignation, par arrondissement, des villes ou communès où le mouvement de la population serait susceptible d'influer sur les contingents des portes et fenêtres ;

6° Le relevé des impositions départementales extraordinaires à mentionner dans le cadre placé au bas de l'état général de répartement, modèle n° 1 ;

7° Le cas échéant, le compte rendu des affaires cadastrales (situation sommaire des travaux en cours d'exécution, demandes de renouvellement, etc.).

On n'attend pas, pour établir ces divers documents, que l'époque de la session du conseil général soit fixée. Le premier, et particulièrement les seconds peuvent être préparés à l'avance, en mars ou avril, avant que l'ouverture de la tournée des mutations occupe les bureaux. Ils sont ensuite adressés, en temps opportun, au Préfet, avec le rapport concernant les objets à soumettre aux délibérations des conseils.

§ 5.

Etat général de répartement entre les arrondissements.

(Modèle n° 1 de la circ. ann.)

Cet état préparé par les bureaux de la Préfecture, présente (col. 2, 15 et 28) la répartition entre les arrondissements des trois contingents départementaux indiqués dans la circulaire du répartement (§ 4), c'est-à-dire (à moins de changements motivés), les contingents de l'année précédente augmentés ou diminués des sommes portées sur l'état des propriétés non bâties (Voir § 2).

La Préfecture l'envoie à la Direction qui, après s'être assurée si les additions et les déductions par arrondissement ont été opérées avec exactitude (en cas d'erreur, il en est référé au Préfet dans un rapport spécial), applique au principal les centimes généraux et départementaux qui s'y rapportent et qui sont énoncés dans le titre de chacune des colonnes.

Lorsque le tout est additionné et vérifié, l'état est renvoyé à la Préfecture, qui, après l'avoir soumis au Conseil général, s'en sert pour rédiger les mandements (modèle n° 2 de la circulaire annuelle du répartement) à adresser aux sous-préfets, et en fournir, en même temps, une copie certifiée à la Direction.

Dans la pratique, l'état est, le plus souvent, signé par les membres du conseil général avant que les centimes additionnels y soient appliqués, et la Préfecture en envoie deux expéditions à la Direction, qui, après les avoir complétées, renvoie l'une et garde l'autre.

Il est à remarquer d'ailleurs que l'opération dont on vient de parler (l'application des centimes additionnels) n'est pas définitive, puisque les calculs sont effectués sur des principaux qui ne sont que provisoires. On n'a effectivement encore fait subir aux contingents que les modifications provenant des propriétés non bâties, et il reste à leur appliquer celles qui résulteront des propriétés bâties.

§ 6.

États de sous-répartement entre les communes.

(Modèle n° 3 de la circulaire annuelle.)

Dans le but d'éviter les transpositions de communes, les fausses attributions de contingents, les erreurs d'addition qui pourraient se commettre dans les bureaux des sous-préfectures, on fait bien, dans l'intervalle qui sépare la session du Conseil général de la seconde réuuion des conseils d'arrondissement, de préparer à la Direction les états de sous-répartement, c'est-à-dire d'inscrire col. 1 et 2) les noms des communes dans l'ordre adopté, et de remplir les colonnes 3, 11 et 19, à l'aide des sous-répartements de l'année antérieure (col. 7, 15 et 23), en tenant compte des diminutions et des augmentations produites par le mouvement des propriétés non bâties (§ 2) et eu égard aux décisions du Conseil général sur les réclamations des communes. Il est bien entendu que ce travail préparatoire n'est fait que pour faciliter la délibération du conseil d'arrondissement, et qu'il ne saurait préjudicier en rien au droit que possède ce conseil de modifier les contingents. La Direction se substitue simplement ici aux bureaux des sous-préfectures dans le but d'obtenir des documents qui offrent de plus grandes garanties d'exactitude et qui soient établis dans l'ordre le plus propre à faciliter l'exécution des opérations ultérieures. Dans tous les cas, la Direction est tenue à vérifier les tableaux qui lui sont fournis, et à les purger de toute espèce d'irrégularités.

Quelques Directions, en vue d'activer le travail, ce qui doit être, dès le premier jour, la préoccupation constante, font imprimer des cadres de l'état de sous-répartement et les garnissent complétement au fur et à mesure que le dépouillement des états n° 11 est terminé pour un arrondissement, en sorte que lorsque l'Administration transmet les états de sous-répartement signés par les conseils (circul. minist. 8 août 1849), il n'y a plus qu'à y remplir les colonnes restées en blanc.

Aussitôt leur arrivée, on porte dans les colonnes 4 et 6 pour la foncière, 12 et 14 pour la personnelle-mobilière, 20 ot 22 pour les portes et fenêtres, les diminutions et les augmentations de contingents résultant des démolitions et des constructions, et consignées dans le tableau du dépouillement des états n° 11, colonnes 10 et 16 foncière, 33 et 36 personnelle-mobilière, 55 et 66 portes et fenêtres (*Voir* § 3).

On additionne les colonnes 4, 6, 12, 14, 20 et 22 des sous-répartements et on s'assure de la conformité de leurs résultats avec ceux de la récapitulation dudit dépouillement, colonnes 10, 16, 33, 36, 55 et 66.

On remplit alors les colonnes 5 et 7, 13 et 15, 21 et 23 des sous-répartements et on obtient ainsi, en principal, les contingents à porter sur les rôles. Ces colonnes sont additionnées, et elles se vérifient en appliquant aux sommes portées dans les 3e, 11e et 19e, les différences existant entreles diminutions et les augmentations de contingent.

Ces divers calculs terminés, on établit la récapitulation par arrondissement, dont il sera parlé au § suivant.

Comme on ne saurait trop se hâter de remettre à la Préfecture, pour qu'elle les adresse au ministère, les tableaux de sous-répartement, on les complète immédiatement par l'application des centimes additionnels généraux et départementaux. Nous placerons donc ici les explications dont cette partie du travail doit être l'objet.

L'application des centimes généraux et départementaux s'exécute à l'aide des tables de multiplication, ou, si le nombre des chiffres dont se compose la proportion à appliquer est de plus de quatre, avec des tarifs dressés à la main.

La quotité des centimes généraux est ordinairement imprimée dans le titre des colonnes 8, 16 et 24; celle des centimes départementaux est détaillée d'abord dans une note placée sur la feuille de tête du sous-répartement et indiquée ensuite en bloc, en tête des colonnes 9, 17 et 25.

Après que cette quotité a été soigneusement vérifiée au moyen de la circulaire concernant la confection des rôles, de celle du répartement, de l'état général du répartement, du registre des impositions départementales, et enfin de la délibération du conseil général, on procède, pour chaque contribution, au calcul des centimes additionnels; lequel s'opère sur les états mêmes des sous-répartements en multipliant, au moyen des tarifs mentionnés plus haut, savoir :

1° Le principal énoncé dans les colonnes 7, 15 et 23 par le nombre de centimes généraux; le produit de cette multiplication s'inscrit dans les colonnes 8, 16 et 24;

2° Le même principal par le nombre des centimes départementaux; le produit s'inscrit dans les colonnes 9, 17 et 25.

Il est à remarquer qu'au nombre de ces derniers centimes (départementaux), on doit ajouter (art 14 de la loi du 8 juillet 1852), pour faire contribuer les dépenses départementales à la formation du fonds de non-valeurs,

0c8/10 par franc du montant de ces dépenses, en ce qui concerne les contributions foncière et personnelle-mobilière, et 2c4/10 par franc en ce qui concerne la contribution des portes et fenêtres. Comme ce fonds de non-valeurs doit être cumulé, dans les colonnes 9, 17 et 25, avec le montant des sommes affectées aux dépenses départementales elles-mêmes, il faut aussi que ce même fonds soit compris dans la proportion ou nombre de centimes à appliquer au principal. Si, par exemple, le nombre de centimes représentatif des diverses

	Foncière.	Personnelle-mobilière.	Portes et fenêtres.
	c.	c.	c.
dépenses départementales était de . .	0 45,5	0 45,5	0 21
on y ajouterait pour la formation du fonds de non-valeurs..............	0 00,364	0 00,364	0 00,504
et on aurait ainsi à appliquer au principal, pour remplir les colonnes 9, 17 et 25, à titre de centimes départementaux y compris le fonds de non-valeurs, une proportion de....	0 45,864	0 45,864	0 21,504

Il serait alors nécessaire de monter à la main un premier tarif de 0.45,864 qui servirait pour les contributions foncière et personnelle-mobilière et un second, pour celle des portes et fenêtres, de 0.21,504.

Après l'application de ces tarifs, on termine les états de sous-répartement, en formant, pour chaque contribution, les totaux à inscrire dans les colonnes 10, 18 et 26.

La Direction générale s'assure de la régularité des états de sous-répartement aussitôt qu'elle les a reçus de la Préfecture arrêtés par les conseils d'arrondissement; ils ne doivent être complétés qu'après avoir été examinés par Elle.

La Direction renvoie le plus tôt possible les expéditions de ces états destinées à la Préfecture et au Ministère, afin que les mandements (modèle n° 4 de la circulaire annuelle du répartement) soient adressés aux maires, et que la Direction générale puisse s'assurer si les états sont régulièrement établis, et signaler, avant que la confection des rôles soit trop avancée, les erreurs qui auraient été commises.

Pour la contribution des patentes, le calcul des centimes départementaux s'opère sur l'état même du montant des rôles (col. 22). D'après les explications données plus haut, et en admettant que les dépenses départementales s'élevassent à 21 cent., on aurait, avec l'addition du fonds de non-valeurs à appliquer au principal de la contribution dont il s'agit, une proportion de 0f.22,05, c'est-à-dire 21 centimes, plus 1.05.

§ 7.

Récapitulation générale des états de sous-répartement.

(Modèle n° 5 de la circulaire annuelle.)

La récapitulation n° 5, qui est une des pièces les plus importantes fournies à l'administration centrale et qui résume, en quelques lignes, toute la répartition, demande beaucoup de soin dans sa rédaction. Elle est comme la partie morale du travail de la Direction ; non-seulement elle contient, dans ses seize premières colonnes, les chiffres qui sont le point de départ de la confection des rôles, mais, dans ses dix dernières, elle présente les éléments des moyennes qui peuvent devenir un indice du plus ou moins de soins, d'activité, d'intelligence des agents dans la constatation de la matière imposable.

Les seize premières colonnes reproduisent par arrondissement les totaux des états de sous-répartement, et la réunion de ces totaux dans les colonnes 6, 11 16, détermine, en principal, pour chaque contribution, le contingent départemental à répartir entre les communes. Ainsi les colones

2 à 6 de la Récap^{on}	correspondent aux col.	3 à 7	du sous-répart^{t}	foncière.
7 à 11	id.	11 à 15	id.	pers. mobil^{re}.
12 à 16	id.	19 à 23	id.	p. et fenêtres.

Relativement aux renseignements statistiques (col. 17 à 26), on trouve dans le dépouillement des états n° 11, tous les éléments nécessaires pour les établir. La correspondance entre les deux documents s'établit de la manière suivante. On remplit les colonnes :

17 de la Récapitulation, à l'aide de la colonne	2	du Dépouillement.
18	5	—
19	10	—
20	20	—
21	17	— (*)
22	23	— (*)
23	29	—
24	48	—
25	46	—
26	65	—

(*) Sauf les réductions du quart sur les maisons et du tiers sur les usines.

Le cadre de cette Récapitulation envoyé, chaque année, par l'Administration contient deux notes au sujet de la manière d'en garnir les colonnes 21 et 22. Quant à la première, il a été donné, § 3 p. 17, des explications sur la marche à suivre; quant à la seconde, on prendra garde que la 31e colonne du tableau joint à la circulaire n° 119 est devenue la 32e du modèle n° 11 annexé à l'instruction du 18 décembre 1853.

Les résultats ci-dessus étant établis, vérifiés et reconnus exacts, on en déduit les rapports ou proportions désignés ci-après, lesquels servent de régulateurs dans les appréciations que l'Administration fait du travail (1).

1° Rapport de la contribution personnelle-mobilière (total de la col. 7) au nombre des maisons du département (nombre pris sur le *Registre des valeurs locatives*) ou contribution mobilière moyenne par maison, pour l'ensemble du département. La colonne 7 présente le contingent de l'année dans laquelle on opère, et le nombre de propriétés à employer comme diviseur doit y correspondre; on doit donc trouver ce nombre dans la colonne 3 de la dernière année inscrite sur le registre précité, lequel a dû être mis au courant immédiatement après l'achèvement des rôles (2e § de la circulaire du 8 septembre 1838, et modèle y annexé).

2° Rapport du principal de la contribution personnelle-mobilière afférente aux démolitions (total de la col. 8) au nombre des propriétés démolies (col. 19) ou contribution personnelle-mobilière moyenne par démolition.

3° Rapport du principal de la contribution personnelle-mobilière afférente aux nouvelles constructions (total de la col. 10) au nombre des propriétés nouvellement construites (total de la col. 20), ou contribution moyenne par construction.

Ces trois rapports doivent être comparés entre eux, et la cause des différences expliquée.

Si le second rapport excède le premier, l'Administration peut concevoir des doutes sur l'exactitude de l'appréciation des contrôleurs, en ce qui concerne les retranchements opérés pour les maisons démolies qui étaient vacantes ou occupées par des indigents au moment de la démolition.

Si le troisième se trouvait au-dessous des deux précédents, on pourrait, à moins de circonstances extraordinaires qu'il doit être facile de spécifier, en induire que les évaluations relatives aux constructions nouvelles n'ont pas été régulièrement établies.

Dans tous les cas, l'Administration tient à ce que les discordances, lorsqu'elles

---

(1) Dans les calculs dont il va être question, on opère, non par arrondissement, mais sur les totaux qui forment la dernière ligne de la récapitulation.

ne sont pas tout à fait insensibles, soient justifiées. Il faut donc les étudier et rechercher attentivement ce qui a dû les produire. Lorsque les deux derniers rapports diffèrent sensiblement du premier, auquel ils sont presque toujours supérieurs, on peut souvent l'attribuer à ce que celui-ci étant établi sur l'ensemble du département, l'influence des villes et des fortes communes y est annihilée, tandis que pour les deux autres, qui sont calculés sur des résultats de moindre importance, cette influence se fait toujours sentir et s'exerce même quelquefois de manière à justifier complétement le défaut de concordance.

4° Rapport du revenu foncier des propriétés démolies, calculé d'après la valeur locative attribuée aux démolitions (col. 21), au principal de la contribution foncière des mêmes propriétés (col. 3).

5° Rapport du revenu foncier des propriétés nouvellement construites, calculé d'après la valeur locative actuelle de ces propriétés (col. 22) au principal de la contribution foncière des mêmes propriétés (col. 5).

Il faut également comparer entre eux ces deux derniers rapports et donner des explications sur la différence qui les sépare. Or, le premier se rapporte à des évaluations qui correspondent aux valeurs locatives constatées par les opérations de 1832 (ordonnance du 18 décembre 1832), tandis que le second ressort du prix actuel des loyers, d'où il suit que la différence existant entre eux, doit exprimer le taux de l'accroissement qu'ont éprouvé les valeurs locatives depuis ladite année 1832; c'est ainsi que l'Administration apprécie si l'estimation des propriétés démolies est régulière, et si les loyers attribués aux nouvelles constructions sont portés à leur valeur réelle, c'est-à-dire sans exagération comme sans faiblesse.

Le 6e rapport doit faire ressortir, par une similitude aussi approximative que possible entre les *démolitions* et les *constructions*, que le principal des unes et des autres a été exactement déduit du produit résultant du tarif légal. Un défaut trop sensible de concordance exigerait une vérification des calculs.

On doit enfin rendre compte des différences existant entre les nombres de démolitions et de constructions, en contribution foncière (col. 17 et 18), et les nombres correspondants en contribution personnelle-mobilière (col. 19 et 20). Elles peuvent provenir de diverses causes parmi lesquelles nous mentionnerons les suivantes : 1° constructions et démolitions antérieures au 1er janvier 1846, mais postérieures à 1835 (elles comptent pour la foncière et ne comptent pas pour la mobilière); 2° bâtiments exclusivement consacrés au commerce, même motif; 3° usines, même motif, maisons non imposées à la mobilière, circul. n° 429; 4° propriétés comptant pour 1 à la mobilière, quoique figurant sous plusieurs numéros au cadastre et comptées pour plusieurs au foncier; 5° bâtiments consacrés à un service public et devenus maisons particulières, comptant aujourd'hui pour une maison nouvelle en plus au foncier, tandis qu'étant toujours imposés à la mobilière, ils ne comptent pas pour une augmentation à la mobilière; 6° maisons particulières passant au service public, qui viennent en diminution du nombre des maisons à la foncière et qui, continuant de supporter la contribution mobilière, ne comptent pas pour une diminution à la mobilière; 7° nouvelles constructions consacrées à un service public, augmentant seulement le nombre de maisons à la mobilière, et ne modifiant pas ce nombre à la foncière, puisqu'elles sont exemptes de cette dernière contribution.

L'Administration tient encore à connaître les motifs de la différence qui se remarque quelquefois entre le nombre des propriétés démolies, en ce qui concerne la foncière (col. 17), d'une part, et en ce qui concerne les portes et fenêtres (col. 23), d'autre part.

Il peut arriver : 1° que le nombre des démolitions pour les portes et fenêtres soit supérieur à celui relatif à la foncière; 2° que ce dernier surpasse le premier.

Dans le premier cas, la différence tient le plus souvent, à des augmentations effectuées sans que les anciennes constructions aient éprouvé des diminutions, et alors, suivant le 2e § des explications imprimées sur le modèle n° 11 annexé à l'instruction du 18 décembre 1853, les bâtiments, pour l'année où ils deviennent habitables, ne figurent au cadre des démolitions que pour les portes et fenêtres.

Dans le second cas, la différence résulte ordinairement d'agrandissements effectués depuis plus de deux ans et pour lesquels les bases de cotisations concernant les ouvertures ont été réglées à l'époque où ces ouvertures sont devenues imposables. Les articles de ce genre figurent, pour la foncière, dans l'état n° 11, et n'y figurent pas pour les portes et fenêtres, par application du 2e § dernière phrase des explications consignées sur le modèle. En outre, le nombre des démolitions foncières s'accroît, parfois, de certains bâtiments et même de quelques usines (hangars, écuries, fours à chaux, fabriques de tuiles, de briques, poteries, etc.) qui ne sont point passibles de l'impôt des portes et fenêtres.

Depuis 1865, un tableau placé à la 4me page de la Récapitulation n° 5 est destiné à faire ressortir par contrôle les augmentations et les diminutions de contingents, comparées à celles de l'année antérieure. Ce tableau est rédigé facilement au moyen des colonnes du Dépouillement des états n°11 qui correspondent à celles nos 3 et 5, 8 et 10, 13 et 15 de la Récapitulation des sous-répartements, pourvu, toutefois, que ce Dépouillement soit combiné de manière à réunir les résultats des états n° 11 tant par arrondissement que par contrôle.

§ 8.

Taxation des matrices de patentes.

On s'est occupé jusqu'ici de déterminer les contingents par commune dans les trois impôts de répartition ; il s'agit maintenant de régler celui de l'impôt de quotité, c'est-à-dire de calculer le principal des patentes : ce qui se fait par la taxation des matrices.

A la réception de ces pièces (art. 102 de l'instruction du 31 juillet 1858), la Direction examine d'abord si la désignation des professions est conforme à la nomenclature ; si la classe des patentables du tableau A est exactement indiquée ; si, pour ceux des tableaux B et C, la matrice présente tous les éléments nécessaires à l'établissement des droits fixes et si les chiffres portés dans la col. 4 sont régulièrement établis. Elle rectifie les dénominations inexactes et supprime les indications superflues qui surchargeraient inutilement le rôle. (Les matrices sont renvoyées aux contrôleurs pour qu'ils appliquent sur leurs bulletins-minutes ces rectifications opérées à l'encre rouge, pour qu'elles soient plus apparentes). Elle examine, en s'entourant de tous les moyens d'investigation, si des erreurs matérielles n'ont pas été commises dans l'inscription des valeurs locatives, et si ces valeurs ont bien été portées dans les colonnes auxquelles elles appartiennent par le taux du droit proportionnel de chaque profession. Elle numérote les pages, si ce n'est déja fait. A l'égard des articles contestés, elle examine les observations consignées par les maires ou les sous-préfets, demande des explications aux contrôleurs, et charge, au besoin, l'inspecteur de recueillir de nouveaux renseignements ; rédige ensuite un avis motivé sur un tableau conforme au n° 5 des modèles annexés à l'instruction du 31 juillet 1858, et fait juger les contestations par le Préfet.

Vient alors le *calcul des taxes.*

Avant d'y procéder, on s'assure qu'en tête de la matrice on a eu soin :

D'indiquer exactement le chiffre de la population totale (normale ou municipale), et pour les communes au-dessus de 5,000 âmes, déduction faite de la population agglomérée, le nombre des habitants de la banlieue ; indications nécessaires pour que l'on puisse appliquer à la partie urbaine les droits afférents à la population totale, et taxer la banlieue d'après la population qui lui est propre.

De mentionner, s'il y a lieu, qu'il existe un *entrepôt réel ;*

De rappeler, si c'est le cas, que les droits fixes doivent être établis d'après un tarif exceptionnel.

On prend, en outre et à l'avance, quelques précautions qui ont pour but de faciliter et d'accélérer les opérations.

1° On dresse, pour les professions du tableau A et pour chaque catégorie de population, d'après le tarif général inséré page 153 de l'instruction du 31 juillet 1858, un tableau des taxes applicables, dans la forme ci-après :

POPULATION de 2,000 âmes et au-dessous.	
CLASSE.	DROIT.
1re cl.	35
2e	25
3e	18
4e	12
5e	7
6e	4
7e	3
8e	2

Pour être d'un maniement commode, ce petit cadre est adapté d'une manière mobile à un carton.

2° Chaque département ne renfermant pas toutes les professions ou industries désignées dans les tableaux B et C, on relève seulement celles qui existent dans le pays et on en forme un tableau dans lequel les recherches sont plus faciles que dans les nomenclatures générales

3° On dresse pour le droit proportionnel au 15e, un tarif (66667) qui rend la détermination de ce droit plus prompte que le calcul mental ou écrit auquel il faudrait, sans cela, se livrer.

Ces préliminaires terminés (et ils le sont une fois pour toute la durée du travail et même pour les années suivantes), on passe à la taxation des articles.

Voici la méthode qui paraît être la plus simple et la plus expéditive :

On totalise les sommes que le contrôleur a dû porter dans la colonne 4, ainsi que les nombres inscrits dans les colonnes 7, 8 et 9, et les totaux de ces trois colonnes sont réunis au-dessous de l'accolade; on en déduit le nombre de droits ou portions de droits fixes comptés plusieurs fois au même article, le reste exprime le nombre de formules à expédier, et, en y ajoutant les articles autres que ceux du tableau D qui ne paient que le droit proportionnel, on termine le décompte par un nombre qui égale celui des articles compris dans la page. On additionne ensuite les valeurs locatives qui figurent dans les colonnes 10 à 16, et on calcule au-dessous des totaux les droits proportionnels, suivant les différents taux indiqués au titre desdites colonnes. Le 15e s'obtient à l'aide du tarif dont il a été parlé plus haut (66667); pour les autres droits, le calcul mental les détermine sans difficulté. Le total des sommes ainsi obtenues se place au-dessous de l'accolade; il servira plus tard à contrôler celui de la 20e colonne.

On s'occupe alors des droits *fixes* à porter dans les col. 17 et 18.

On a devant les yeux le tarif du tableau A, pour la catégorie de population à laquelle appartient la commune, et près de soi l'extrait spécial, fait comme il a été dit ci-dessus, des tableaux B et C.

Pour la fixation des taxes principales ou secondaires, on tient compte des indications établies dans les col. 4 à 8.

Lorsque les col. 17 et 18 sont remplies, on les additionne d'abord verticalement, et, en outre, horizontalement pour chaque article dans la col. 19, dont le total doit reproduire la réunion de ceux des deux colonnes précédentes.

On arrive au droit *proportionnel*, lequel résulte, pour chaque patenté, des valeurs locatives qui le concernent dans les col. 10 à 16, et du taux afférent à chacune d'elles. Les droits sont inscrits dans la col. 20, suivant l'ordre fixé par les explications imprimées sur la page initiale de la matrice. Le total de cette colonne doit être égal à celui qui figure au-dessous de l'accolade qui termine les colonnes 10 à 16.

En cas de désaccord, on refait les calculs jusqu'à ce qu'on ait obtenu une similitude parfaite.

L'accord établi, on additionne, par article, les col. 19 et 20 dans la col. 21, et le total de celle-ci se vérifie par la réunion de ceux des deux précédentes.

Pour s'assurer de l'exactitude du droit fixe totalisé dans la col. 19, on opère de la manière suivante:

On relève par classe, dans le cadre placé au-dessous des col. 17 à 24, et suivant les indications de la col. 5, le nombre des patentés du tableau A, en distinguant ceux qui paient seulement des demi-droits ou des quarts de droits fixes. On applique le tarif à ces nombres, les produits en sont réunis sous l'accolade, et l'on constate ainsi le total des droits fixes dudit tableau compris dans la page.

Le total des droits énoncés dans la col. 4 est reproduit sur la première ligne du décompte placé à droite et au-dessous des col. 25 et 26, on relève dans l'espace ménagé pour les recevoir les sommes de ladite col. 4, qui doivent être réduites à la moitié, et cette moitié est retranchée du chiffre porté sur la première ligne. Le reste, avec le montant du tableau A, forme un total qui doit être égal à celui qu'on a déjà obtenu dans la col. 19. Inutile de répéter qu'en cas de désaccord, on refait les calculs jusqu'à ce qu'on ait atteint une entière concordance entre les deux résultats.

Récapitulation. — La récapitulation de la matrice sera faite par page. L'intitulé du cadre indique suffisamment les totaux à relever, et la place à leur donner. Pour opérer plus sûrement, on pourra, surtout si la matrice renferme un nombre considérable d'articles, détacher momentanément la feuille de tête : le relevé des bas de pages deviendra ainsi plus facile.

Les diverses colonnes de la récapitulation seront additionnées. Les totaux des colonnes 13 et 14 réunis devront égaler le total de la 15e; ceux des colonnes 15 et 16, celui de la colonne 17.

Pour le droit proportionnel, on appliquera à chacune des sommes portées au bas des colonnes 6 à 12 le taux du droit; le total de ces quotients sera inscrit au-dessous de l'accolade, et devra égaler celui de la colonne 16.

Il est une précaution fort utile à prendre pour se prémunir contre les erreurs qui peuvent se glisser dans un travail où l'on ne connaît pas d'avance, comme pour les impôts de répartition, le résultat auquel on doit arriver: elle consiste à confronter les totaux obtenus — nombre et montant des droits — avec ceux de l'année précédente, et à se rendre compte des différences. Le Directeur ou le premier commis vérifie la taxation.

Lorsque les droits de patentes sont réglés et récapitulés sur la matrice, le calculateur les décompose par tableau (A, B, C, D) de manière à préparer les éléments du compte-rendu n° 13. Les résultats du dépouillement qu'il fait dans ce but sont consignés dans des cadres établis au bas de la récapitulation, de la manière suivante :

Tableaux.	NOMBRES, par tableau, d'établissements		DROITS FIXES EN PRINCIPAL sur les établissements		DROITS proportionnels.	VALEURS locatives. (TOTAL).
	Principaux.	Secondaires	Principaux.	Secondaires.		
1	2	3	4	5	6	7
A						
B						
C						
D						

§ 9.

Tableaux présentant les éléments de répartition des contributions personnelle-mobilière et des portes et fenêtres.

Il a été dit au § 3 que la Direction était tenue de fournir au préfet, dans la forme des modèles nos 6 et 7 annexés à la circulaire annuelle du Répartement, deux états présentant les éléments de répartition des contributions personnelle-mobilière et des portes et fenêtres. C'est l'accomplissement d'une prescription de la loi du 21 avril 1832, articles 11 et 26, et à cet effet, en vertu de l'art. 31 de la même loi, l'on doit tenir au courant les documents destinés à constater chaque année :

1° Le nombre des individus passibles de la contribution personnelle-mobilère;

2° Le montant des loyers d'habitation;

3° Le nombre des portes et fenêtres imposables.

Le nombre des taxes personnelles est relevé dans la deuxième partie de l'état du montant des rôles, colonnes 6 et 8, et comme ce nombre résulte des mutations survenues parmi les imposables, la disposition légale se trouve accomplie sur ce point. On peut aussi examiner, sans qu'il y ait toutefois à en tirer des inductions positives, si le nombre constaté est dans une proportion convenable. Une instruction du 26 mars 1831, donnée pour l'exécution de la loi du 26 du même mois, avait déterminé que le rapport des imposables à la population devait être, dans les communes rurales, du quart au cinquième, et dans les villes, du cinquième au sixième. On peut d'ailleurs établir la proportion pour l'ensemble du département, et toutes les fois que dans une commune on ne s'en est pas sensiblement écarté, le résultat est admissible comme régulier. En cas de trop forte disproportion, il est à propos d'en rechercher la cause.

Le montant des loyers d'habitation résulte soit des opérations exécutées conformément à l'ordonnance royale du 18 décembre 1832, soit du recensement de 1841. — Les valeurs locatives déterminées par les travaux de 1832, sont mises au courant suivant les dispositions de la circulaire du 20 mai 1845, n° 79; celles du recensement de 1841, selon les prescriptions de la circulaire du 10 août 1844, n° 45.

Pour les portes et fenêtres, on produit les nombres constatés par les travaux de 1831, ou par ceux de 1841, si les conseils répartiteurs ont adopté ces derniers, après avoir complété les uns ou les autres, en raison des démolitions et des constructions survenues depuis, et mentionnées dans les tableaux n° 11 *(id.)*.

Les deux tableaux n°s 6 et 7 sont dressés sur des cahiers séparés par arrondissement, et la récapitulation des arrondissements s'établit également sur une feuille distincte. C'est dans cette forme qu'on les remet au préfet.

La récapitulation seule, avec le résumé final, est adressée à l'Administration centrale (circ. du 13 août 1847 et circ. ann. du répartement), et, en lui faisant cet envoi, on rappelle la nature des éléments de répartition dont on a fait usage, c'est-à-dire si on a employé les résultats du recensement de 1841 ou les renseignements antérieurs.

La formation des tableaux dont il s'agit devant exiger beaucoup de temps, il est bon de l'entreprendre le plus tôt possible, c'est-à-dire dès les premiers mois de l'année.

Ces préliminaires établis, occupons-nous de la formation même de ces tableaux.

Tableau n° 6. *Contribution personnelle-mobilière.*

Colonne 1, les noms des communes sont inscrits dans l'ordre déjà indiqué.

Les colonnes 2, 3, 4 et 5 se remplissent au moyen des colonnes 11, 12, 14 et 15 des derniers états de sous-répartement (ceux de l'année *dans* laquelle on opère).

Les colonnes 6 et 7, au moyen de celles 8 et 18 du dépouillement des états n° 11.

Les diminutions et les augmentations de contingents ne résultent pas seulement des *démolitions* et des *constructions;* d'autres causes, telles que changements de limites, division ou agglomération de communes, etc., peuvent aussi influer sur les contingents. Ces causes extraordinaires, de même que les observations particulières du Directeur, sont inscrites dans la 8e colonne (voir le *nota* imprimé sur la première page du cadre).

La colonne 9 est remplie au moyen des colonnes 6 et 8 de la seconde partie de l'état du montant des rôles.

La colonne 10 indique, pour chaque commune, le taux de la taxe personnelle fixé par le conseil général dans sa dernière session.

La colonne 11 reproduit les sommes portées dans la colonne 12 de la seconde partie de l'état du montant des rôles.

La colonne 12 est destinée à recevoir le chiffre des valeurs locatives d'habitation. Si l'on se sert de celles résultant des opérations faites en exécution de l'ordonnance du 18 décembre 1832, on les trouve dans la colonne 7 du cadre de chaque année, sur le registre dressé conformément à la circulaire du 8 septembre 1838. Si on fait usage des résultats du recensement de 1841, on a recours au tableau formé suivant les prescriptions de la circulaire du 30 août 1842, revisé et mis au courant d'après celle du 10 août 1844.

Jusqu'ici, c'est-à-dire dans les colonnes 2 à 12, on n'a fait qu'établir les éléments d'un projet de nouvelle répartition du contingent départemental ; il s'agit actuellement de procéder à cette répartition.

Dès que la somme totale imposée sur le département est indiquée par la circulaire du répartement (il n'est même pas nécessaire d'attendre l'arrivée de cette circulaire, puisque, à moins de circonstances exceptionnelles ou imprévues, le contingent départemental est connu à l'avance), on opère sur ce contingent de la manière accoutumée, c'est-à-dire qu'on en retranche le produit des taxes personnelles, colonne 11, et que le reste est réparti au centime le franc des valeurs locatives d'habitation, colonne 12, ce qui revient à diviser ce reste par le montant desdites valeurs. La proportion ou centime le franc, obtenue par ce calcul, est ensuite appliquée, à l'aide d'un tarif manuscrit, aux différentes sommes inscrites dans la douzième colonne ; le résultat est porté dans la colonne 13, et forme la part du contingent afférent aux loyers d'habitation. La réunion de cette part au produit des taxes personnelles, déjà porté dans la colonne 11, est inscrite dans la colonne 14 et constitue ainsi le contingent personnel et mobilier de chaque commune.

On compare ensuite la colonne 14 avec la colonne 5, et les différences en plus et en moins s'inscrivent dans les colonnes 15 et 16.

Viennent ensuite des renseignements ayant pour but de faire apprécier le travail d'après la contribution moyenne qu'il produit par habitant, par imposable à la taxe personnelle et par maison ; puis on cherche à se rendre compte, d'après le loyer moyen par maison, du degré de régularité des évaluations locatives dont on s'est servi, et enfin si des explications deviennent nécessaires pour les cas exceptionnels ou pour justifier l'opération dans quelques-unes de ses parties, un espace est ménagé à cet effet sous le titre d'observations, colonne 23.

La colonne 17, *Population*, est remplie par les chiffres qui se trouvent dans la colonne 3 de la seconde partie de l'état du montant des rôles.

La colonne 18 est une répétition de celle n° 3 du *Registre des valeurs locatives*.

Les quatre colonnes qui suivent exigent un calcul de division.

La	19ᵉ s'obtient en divisant	la colonne	14	par la colonne	17.
—	20ᵉ —	—	14	—	9.
—	21ᵉ —	—	14	—	18.
—	22ᵉ —	—	12	—	18.

Toutes ces divisions peuvent se faire aisément au moyen des tables de multiplication (Oyon), qui, tout en donnant une suffisante exactitude aux valeurs moyennes ainsi déterminées, impriment au travail une marche plus accélérée que celle du calcul exécuté par la méthode ordinaire.

L'état est additionné et récapitulé par arrondissement.

Un résumé par catégories de taxes personnelles termine le tableau. Il consiste à grouper, selon la série décroissante de ces taxes, les nombres ou les sommes portées dans les colonnes 17, 18, 9, 11, 12, 13, 5, 14 de l'intérieur du tableau, qui correspondent aux colonnes 3, 4, 5, 6, 7, 8, 9, 10 du cadre final. A cet effet, et avant tout, on indique la série des taxes du département dans la première colonne de ce cadre, et on remplit la ligne des totaux à l'aide de ceux de la récapitulation qui précède, et suivant la correspondance des colonnes. On relève ensuite les diverses données concernant la catégorie la plus élevée, laquelle, généralement, ne se compose que d'un très petit nombre de communes, et quelquefois d'une seule. Ce nombre, quel qu'il soit, est noté dans la seconde colonne du résumé, et les résultats du relevé sont transcrits dans les colonnes qui suivent, toujours eu égard à la relation des colonnes. On procède de la même manière pour les deux, trois ou quatre autres catégories, et, quant à la plus faible, qui se compose du plus grand nombre de communes, elle se conclut de manière à ce qu'avec celles qui la précèdent elle forme, par voie de complément, les totaux déjà inscrits sur la dernière ligne.

Tableau n° 7. *Contribution des portes et fenêtres.*

Colonne 1, les noms des communes sont inscrits suivant l'ordre accoutumé.

Les colonnes 2, 3, 4 et 5 ne sont que la reproduction de celles n°s 19, 20, 22 et 23 des derniers états de sous-répartement, en tenant compte de l'observation faite au premier alinéa du *nota* imprimé en tête du modèle.

Les colonnes 6 et 7 sont remplies par celles n°s 29 et 48 du dépouillement des états n° 11.

La colonne 8 est destinée à recevoir l'indication des causes extraordinaires qui auraient motivé des modifications dans les contingents (changements de limites, passage d'une commune dans une catégorie de population plus ou moins élevée, etc.).

Pour les colonnes 9 à 16, soit qu'on continue à se servir des données antérieures (circ. du 16 novembre 1838), soit qu'on utilise celles du recensement de 1841 (circ. du 10 août 1844), on applique aux nombres des ouvertures portés sur le tableau de l'année antérieure, les diminutions et les augmentations consignées sur le dépouillement précité, colonnes 30 à 37 d'une part, et 49 à 56 d'autre part, en ayant soin d'opérer sur les colonnes qui se correspondent. On additionne les colonnes 9 à 16, et on s'assure de l'exactitude des résultats en opérant sur les totaux comme on a opéré pour chaque commune.

Pour les villes ou communes d'une population de 5,000 âmes et au-dessus, on inscrit les nombres d'ouvertures (voir le 2e § du *nota* imprimé en tête du tableau) sur deux lignes, l'une pour les maisons situées dans l'intérieur des limites de l'octroi, l'autre, à l'encre rouge, pour celles qui se trouvent en dehors de ces limites.

L'état est additionné et récapitulé par arrondissement et, lorsqu'on a constaté l'exactitude des résultats qui constituent les bases de la répartition de l'impôt, on applique aux différentes sortes de maisons ou d'ouvertures (col. 9 à 16), et suivant la catégorie de population à laquelle chaque commune appartient, le tarif énoncé dans l'article 24 de la loi du 21 avril 1832 ; les produits de ce calcul sont inscrits dans les colonnes 17 à 24, et totalisés ensuite dans la 25e. Toutes ces colonnes (17 à 25) sont additionnées et récapitulées de la même manière que les bases correspondantes. Les banlieues sont placées dans la classe des communes rurales (art. 24 déjà cité).

Par les opérations dont on vient de parler, on a obtenu (col. 25) le produit du tarif légal; mais comme ce produit ne constitue pas le contingent de chaque commune, il reste à le déterminer par une répartition de la somme imposée au département (total de la colonne 5, ou somme indiquée comme contingent départemental des portes et fenêtres, dans le total de la colonne 16 de la récapitulation des états de sous-répartements, ou enfin, chiffre énoncé dans la circulaire du répartement, s'il est possible de la consulter). Cette répartition s'effectue en divisant le contingent départemental par le produit total du tarif de la loi (col. 25) et en appliquant, au moyen d'un tarif fait à la main, la proportion, ou, si l'on veut, le centime le franc qui provient de cette division, à chacune des sommes portées dans la colonne 25. Le résultat est inscrit dans la 26e colonne, et détermine enfin le contingent de chaque commune.

On compare ces derniers chiffres (col. 26) avec ceux de la colonne 5 et les différences, en plus ou en moins, qui ressortent de cette comparaison, sont notées dans les colonnes 27 et 28.

De même que dans le tableau n° 6, la colonne 29 n'est que la transcription de la 3e colonne de la seconde partie de l'état du montant des rôles généraux.

Les nombres à établir dans la colonne 30 sont ceux de l'année antérieure, diminués des quantités énoncées dans la 29e colonne du dépouillement des tableaux n° 11, et augmentés de celles qui figurent dans la 48e colonne du même document.

Le nombre total des ouvertures, colonne 31, se compose des chiffres inscrits dans les colonnes 9, 14, 15 et 16 auxquels on ajoute ceux des maisons de 2 à 5 ouvertures, multipliés par 2, par 3, par 4 et par 5. On pourrait appliquer au nombre des ouvertures de l'année précédente, les diminutions et les augmentations indiquées dans les colonnes 30 à 37 et 40 à 56 du dépouillement, en prenant la précaution de vérifier les totaux par le premier procédé.

La colonne 32 s'obtient en divisant la colonne 26 par la colonne 29.

— 33 — — 26 — 30.

— 34 — — 26 — 31.

Ces divisions peuvent se faire d'une manière suffisamment exacte, au moyen des tables de multiplication (Oyon).

Une dernière colonne (n° 35) complète le cadre et est destinée à recevoir les explications que le travail pourrait exiger dans quelques-unes de ses parties.

Pour remplir le résumé par catégorie de population placé à la dernière page, on doit, après avoir inscrit sur la dernière ligne, les totaux définitifs des colonnes correspondantes de la récapitulation qui termine l'intérieur du tableau, relever séparément, et suivant les catégories imprimées sur le modèle, les données relatives aux communes de 5,000 âmes et au-dessus, en continuant de distinguer et d'inscrire à l'encre rouge ce qui regarde les banlieues. Quant aux communes au-dessous de 5,000 âmes, les résultats se concluent par voie de complément, de manière à produire, en les réunissant aux catégories déjà inscrites, les totaux portés sur la dernière ligne.

Quelques précautions doivent être également prises ici pour garantir l'exactitude du travail, en ce qui concerne le contingent à répartir, et les nombres d'ouvertures destinés à servir de base aux calculs, lesquels seront vérifiés avec soin toutes les fois que la disposition des tableaux s'y prêtera.

§ 10.

Registre des valeurs locatives (1).

(Modèle annexé à la circulaire du 8 septembre 1838.)

On a déjà expliqué (§ 3) le moyen employé pour l'appréciation des valeurs locatives afférentes aux maisons et usines démolies.

Quant à celles des constructions nouvelles, on sait qu'on les trouve indiquées dans les colonnes 32, 33 et 34 des états n° 11, et elles sont transcrites séparément, pour les maisons et les usines, dans les colonnes 21 et 22 du Dépouillement.

Voici la marche à suivre pour la mise au courant du Registre, chaque année :

La colonne n° 1 (nombre d'usines) se remplit en appliquant aux nombres de l'année précédente les diminutions et les augmentations consignées dans les colonnes 9 et 19 du dépouillement précité des états n° 11.

C'est aussi en appliquant au montant des valeurs locatives de l'année antérieure les résultats qui figurent dans les colonnes 16 et 22 du même document qu'on détermine pour les usines, les valeurs locatives de l'année pour laquelle on opère (col. 2).

La même marche est suivie à l'égard des maisons, tant pour les nombres que pour les valeurs locatives (col. 3 et 4) :

---

(1) Le cadre de ce registre a été disposé de façon à servir pendant cinq ans. A l'expiration de cette période, on en ouvre un autre qui doit avoir la même durée, et ainsi de suite. D'après sa disposition, la colonne affectée à la désignation des communes sert pour toutes les années qu'embrasse le tableau. Dès lors, afin que les numéros des colonnes soient toujours les mêmes, nous laisserons celle-là en dehors du numérotage.

Tout en inscrivant sans interruption les communes d'un même arrondissement, afin de simplifier la récapitulation qui doit être faite par arrondissement, il sera bon de les ranger par perception et dans l'ordre accoutumé, en vue de faciliter le rapprochement des autres états avec le Registre.

On applique à la colonne 3 du Registre les colonnes 18 et 28 du Dépouillement.
— — 4 — — 14 et 15 —
d'une part, pour les démolitions, d'autre part, colonne 21, pour les nouvelles constructions.

Les quatre premières colonnes du cadre se trouvent ainsi remplies, et l'on a obtenu la valeur locative des deux espèces de propriétés bâties, usines et maisons ; il reste à garnir les colonnes 5, 6 et 7 et, pour cela, à faire trois parts de la valeur locative des maisons col. 4, c'est-à-dire à distinguer la portion de cette valeur afférente :

Aux magasins, boutiques, ateliers et autres locaux pour lesquels on paie patente ;

A l'habitation personnelle des indigents ;

A l'habitation personnelle des imposables.

Dans le compte-rendu des opérations exécutées en vertu de l'ordonnance royale du 18 décembre 1832 (circ. du 16 mai 1835) les communes ont été rangées en six catégories, savoir :

1re Villes de 50,000 âmes et au-dessus.
2e — de 20 à 50,000 —
3e — de 10 à 20,000 —
4e — de 5 à 10,000 — et chefs-lieux de département et d'arrondissement ayant une population inférieure à 5,000 âmes ;
5e Chefs-lieux de canton ayant moins de 5,000 âmes ;
6e Communes rurales.

Pour chacune de ces catégories, il a été déterminé un taux particulier de déduction :

1° Pour locaux destinés au commerce ;
2° Pour les loyers des indigents.

En conséquence, ces déductions sont opérées d'après le taux déterminé pour la catégorie dont chaque localité fait partie, et c'est par l'application des différents taux qu'on remplit les colonnes 5 et 6 du Registre (circ. du 8 septembre 1838). Cette application se fait avec des tarifs préparés à la main et que l'on conserve pour s'en servir tous les ans, les proportions restant les mêmes.

La 7e colonne, celle concernant l'habitation des imposables, se conclut de la quatrième, soustraction faite des sommes portées dans les deux précédentes, ou, si l'on veut, on opère par voie de complément, de telle sorte qu'avec les colonnes 5 et 6, la septième forme le montant de la quatrième.

Ce mode d'opérer est rationnel : les rapports entre la totalité des loyers et les portions de ces loyers afférentes aux locaux affectés au commerce ou à l'habitation des indigents, doivent varier en raison du plus ou moins d'importance des localités. Ce qui ne permet pas d'appliquer des proportions uniformes pour opérer les déductions dont il s'agit.

Le registre est additionné et récapitulé par arrondissement, et la récapitulation finale en est envoyée à l'Administration (circ. du 8 septembre 1838). On y joint deux tableaux (circ. du 16 novembre 1838) présentant, l'un, le relevé et le produit des Taxes personnelles par catégories de population, d'après le tarif annexé à la loi du 26 mars 1831 (art. 4), et l'autre un résumé, par arrondissement, du nombre de maisons, de celui de portes et fenêtres et enfin, du montant des taxes d'après le tarif annexé à la loi du 21 avril 1832.

Le premier de ces tableaux exige un dépouillement, suivant les catégories de population établies par la circulaire précitée du 16 novembre 1838, des nombres inscrits dans les colonnes 3 et 6 de la seconde partie de l'état du montant des rôles. Il est bien entendu qu'on ne fait ce dépouillement que pour les cinq premières catégories; la sixième, qui est la plus nombreuse, se conclut du total, déduction faite du montant des autres. En ce qui concerne la population, le dépouillement sert pendant une période de cinq ans; mais le relevé du nombre des taxes personnelles doit être fait chaque année. Le tarif à appliquer se trouve inséré dans l'article 4 de la loi du 26 mars 1831. L'application qui doit en être faite au nombre des taxes personnelles n'exige aucune explication.

Les éléments du second tableau (celui des portes et fenêtres) sont puisés dans la récapitulation par arrondissement du tableau n° 7 dont il a été question plus haut (§ 9). En comparant les colonnes de ces deux documents, on voit que

les col.	1, 2, 3, 4, 5 et 6 du 1er	correspondent	aux col.	1, 9, 10, 11, 12 et 13	du 2me
—	8	—	—	30	—
—	10, 11, 12	—	—	14, 15 et 16	—
—	14	—	—	31	—
—	15	—	—	25	—

Il ne reste plus à remplir que trois colonnes (9e, 13e, 14e), la 7e présentant la différence qui existe entre les nombres de la 8e et le total de ceux portés dans les colonnes 2 à 6.

La 9e se forme des colonnes 2 à 6, en tenant compte des nombres d'ouvertures qu'elles renferment.

La 13e n'est que la réunion des 10e, 11e et 12e.

En réunissant ensuite la 9e et la 13e, on doit obtenir le chiffre total de la 14e.

§ 11.

Circulaire relative à la confection des rôles.

Cette circulaire, que l'Administration adresse aux directeurs peu de temps après la promulgation de la loi de finances, a pour objet :

1° De faire connaître les modèles des cadres dont on devra faire usage pour les rôles et les avertissements;

2° D'indiquer les centimes additionnels fixés par la loi du budget, lesquels sont de plusieurs sortes, savoir :

A) Centimes généraux sans affectation spéciale : la contribution foncière en est affranchie ; les trois autres les supportent suivant le taux déterminé annuellement pour chacune, par la loi de finances.

B) Centimes pour fonds de secours en cas de grêle, incendie et autres événements de force majeure. La quotité de ce fonds est depuis de longues années, d'*un* centime, applicable aux contributions foncière et personnelle-mobilière.

C) Centimes pour fonds de non-valeurs, dont la quotité est fixée de la manière suivante (loi du 13 mai 1863, art. 17) :

8/10es de cent. sur la contribution foncière;			
8/10es	—	—	personnelle-mobilière ;
2c 4/10es	—	—	des portes et fenêtres ;
5	—	—	des patentes;

Ils sont ajoutés, dans les mêmes proportions, au montant des impositions départementales et communales.

La circulaire ministérielle du *Répartement* contient les mêmes indications pour les trois impôts de répartition, en classant les centimes additionnels, non par nature de service, mais par nature de contribution.

3° De rappeler les mesures à prendre et la marche à suivre pour la confection des rôles et leur mise en recouvrement;

4° De prescrire l'envoi à l'Administration, de quinzaine en quinzaine, à partir du 15 octobre, d'un état de situation du travail.

5° D'inviter les Directeurs à ne pas perdre de vue l'époque à laquelle ils doivent procéder à la confection des rôles spéciaux concernant les prestations en nature, la taxe des biens de mainmorte, les redevances sur les mines et les droits de vérification des poids et mesures.

§ 12.

Distribution des travaux. — Registre de distribution.

La distribution des travaux est faite par le Premier commis, dont le service de la confection des rôles constitue l'une des attributions spéciales (circ. du 30 décembre 1847, nº 164).

Elle se fait de manière à ne confier les premières parties qu'à des personnes douées d'une belle écriture, les secondes à celles qui chiffrent et calculent bien. On peut remettre des perceptions entières aux personnes qui font le mieux, et seulement des communes éparses à celles qui font le moins bien, afin d'éviter qu'un même percepteur n'ait que des travaux médiocres. On évitera aussi de donner un travail à collationner aux personnes mêmes qui l'ont fait ou qui ont un intérêt quelconque à ne pas y signaler de défectuosités. Les membres de la famille des agents supérieurs de la Direction et les premiers commis ne doivent pas participer à la confection des rôles et avertissements (circ. autograp. du 18 octobre 1855).

Dès que la première partie est entreprise, le Directeur ou le premier commis en examine l'écriture, afin de reconnaître, par l'identité avec les spécimens que l'on a eu la précaution de faire produire, si c'est bien celle des personnes qui se sont présentées, de prévenir ainsi l'emploi de sous-traitants (circ. précitée) et d'éliminer, dès l'abord, les expéditionnaires qui ne travaillent pas d'une manière satisfaisante.

Les travaux exécutés hors des bureaux de la Direction exigent, pour leur distribution, qu'il soit tenu un registre à l'aide duquel on puisse constater, à tout instant, leur situation et savoir à qui en a été confiée l'exécution. Ce registre doit contenir le nom des communes, le nombre des articles de rôles, et en autant de colonnes que d'opérations différentes, les noms des expéditionnaires, savoir :

Registre de la confection des Rôles généraux et primitifs de patentes de l'année 186 .

N°				
1.	Noms des communes.			
2.	Rôles généraux.	Nombre d'articles.		
3.		Calcul des taxes.	Noms des calculateurs.	
4.		Noms des expéditionnaires.	Rôles	1re partie.
5.				2e partie.
6.			Avertissements...	1re partie.
7.				2e partie.
8.				Division des cotes.
9.			Collationnement.	
10.	Rôle des patentes..	Nombre d'articles.		
11.		Application des centimes additionnels.	Noms des calculateurs.	
12.		Noms des expéditionnaires.	Expédition des rôles.	
13.			Expédition des avertissements.	
14.			*Id.* des formules.	
15.			Division des cotes.	
			Collationnement.	

En remettant du travail à l'expéditionnaire, on inscrit le nom de celui-ci au registre; à la rentrée des pièces, il suffit d'en marquer le retour par un trait à la droite du nom.

Lorsque les travaux sont achevés, ou lorsqu'on doit payer des à-comptes sur le prix des travaux, on s'en fait remettre par l'expéditionnaire une *Note détaillée* que l'on vérifie à l'aide du registre, et, si la rétribution est réglée d'après le nombre des cotes, à l'aide de la deuxième partie de l'État du montant des rôles. Ces dispositions peuvent suffire pour satisfaire aux prescriptions de la circulaire du 30 décembre 1847, n° 164, et dispensent d'ouvrir un *Livre des comptes par expéditionnaire*.

§ 13.

Rôles et avertissements. — 1re PARTIE.

La confection des rôles, proprement dite, se divise en plusieurs opérations que l'on désigne ainsi :

Calcul des taxes ;

Expédition des rôles......... 1re partie. / 2e partie.

Expédition des avertissements. 1re partie. / 2e partie. / Division des cotes.

Collationnement.

Ces opérations s'exécutent dans l'ordre suivant :

1° Première partie des rôles et des avertissements ;

2° Calcul des taxes ;

3° Deuxième partie des rôles et des avertissements ;

4° Division des cotes ;

5° Collationnement.

Chacune de ces opérations sera l'objet d'explications spéciales.

La confection des rôles généraux étant un travail extrêmement considérable, et qu'il est indispensable de terminer avant le 1er janvier de l'année à laquelle ils se rapportent, afin que le recouvrement commence sans retard, on a cherché le moyen de l'entreprendre le plus tôt possible. Ce moyen était tout naturellement indiqué. Le rôle, avons-nous dit, se compose du nom des contribuables, des bases et du montant de leur cotisation. Les noms et les bases sont connus lorsque les mutations de l'année sont appliquées sur les matrices générales de la Direction, ce qui a lieu dès le mois de mai pour les communes par lesquelles les contrôleurs commencent la tournée générale (Instruction du 18 décembre 1853, art. 7). Quant aux cotisations, elles ne peuvent être déterminées qu'après que les contingents ont été répartis, les centimes additionnels votés et calculés, c'est-à-dire après la session des conseils généraux et d'arrondissement (octobre). D'où est née l'habitude de diviser l'expédition des rôles en deux parties ; la première, comprenant la transcription des noms et des bases de cotisation ; la seconde, la transcription des taxes. L'expédition des rôles peut ainsi être entreprise dès le mois de mai ou de juin, ou du moins aussitôt que l'Administration, par sa circulaire annuelle mentionnée au paragraphe 11, a fait connaître les modèles des cadres à employer.

Cette division de l'expédition des rôles en deux parties est d'ailleurs dans la nature des choses. La première exige surtout de bonnes écritures, la seconde des chiffreurs.

Aussitôt la réception de la circulaire précitée, la Direction se pourvoit des imprimés prescrits, et la première partie des rôles et des avertissements est entreprise ; elle se poursuit à mesure que les mutations sont appliquées sur les matrices générales. Cette première partie consiste dans la transcription des *noms*, *prénoms*, *professions* et *demeures* des contribuables, ainsi que des *bases* de cotisation ; c'est une copie du verso de chaque feuillet de la matrice générale, en observant que la disposition horizontale de cette matrice est remplacée sur le rôle par une disposition verticale.

Chaque rôle, suivant le nombre d'articles qu'il renferme, se compose d'un ou plusieurs cahiers disposés de manière qu'on puisse facilement les réunir ensemble dans la feuille de tête et la couverture. Il doit être fait pour tout rôle de 500 articles et au-dessous, un seul cahier ;

—	1,000	—	—	deux cahiers égaux ;
—	1,500	—	—	trois — ;
—	2,000	—	—	quatre — .

Pour 600 articles, par exemple, on ne fait pas un premier cahier de 500 et un de 100, mais deux de 300 chacun. Si les rôles qui dépassent 1,500 articles étaient destinés à être reliés, on les disposerait par cahier de dix feuilles. Il serait bon de se concerter, à cet égard, avec les percepteurs, par l'intermédiaire de la Trésorerie générale.

Pour les rôles composés de plusieurs cahiers, trop épais pour être bien contenus dans la feuille de tête, la récapitulation ne se place pas sur la troisième page de cette feuille, mais sur les trois premières pages d'une *feuille de fin*.

Il est utile d'établir des feuilles de fort papier brun pour envelopper les rôles pendant tout le temps de la confection. Sur ces feuilles, qui portent les noms de l'arrondissement, de la perception, de la commune et le numéro d'ordre de celle-ci, on fait imprimer une note, destinée à placer constamment sous les yeux des expéditionnaires les recommandations qu'il est si important de leur répéter et les plus petits détails des précautions qu'ils ont à prendre. Cette note peut être à peu près libellée comme ci-après :

En principe, l'avertissement devrait, comme le rôle, être copié sur la matrice, base de toutes les expéditions, et la confrontation des deux pièces, ainsi copiées séparément, indépendamment l'une de l'autre, constituerait un collationnement suffisant de chacune; mais, en fait, à cause de la difficulté de trouver de bons expéditionnaires, il est souvent préférable de faire cette copie sur le rôle dont la disposition est plus conforme à celle de l'avertissement : ce qui en facilite la copie. De plus, en procédant ainsi, le collationnement de l'avertissement collationnera le rôle.

Pour les avertissements, on fait disposer deux cartons par commune (carton bois), de la dimension des avertissements, entre lesquels on les enferme *durant la confection*. On inscrit sur celui du dessus le nom et le numéro de la commune : numérotage qui facilite le maniement et la recherche des pièces. L'Administration, en admettant dans la comptabilité de la confection des rôles, la dépense occasionnée par le premier établissement de ces feuilles et cartons, a approuvé ces mesures conservatrices.

Note à consulter pour la confection des Rôles et Avertissements.

ROLES.

PREMIÈRE PARTIE. L'expéditionnaire doit :

1° S'assurer du nombre de feuilles de chaque cahier et former le nombre des cahiers nécessaire. (La présente commune exige cahiers); les *feuilles* mal imprimées, mal rognées, maculées, sont laissées de côté pour être rendues à la Direction.

2° Coudre les cahiers à chacune des extrémités.

3° Transcrire dans le cadre de la première colonne du rôle les numéros des articles, les noms, prénoms, surnoms, professions et demeures des contribuables, ainsi que les bases de cotisations, tels qu'ils sont à la matrice générale, autrement dit, copier littéralement le verso de chaque feuillet de cette matrice, colonne 3 à 15, avec cette différence que les mentions disposées horizontalement sur la matrice le sont verticalement sur le rôle. La transcription doit se faire sans abréviations, sans idem, sans jambages prolongés d'une case sur l'autre, les *noms* en caractère plus gros que les *prénoms, qualités et demeures*. En général, et sauf les exceptions que la variété des dénominations peut amener, la première ligne doit contenir le nom et les prénoms; la seconde, les surnom, qualité et demeure. Exemple :

M. CABANTOUS, Jean-Philippe,
gendre Chérest, cabaretier, à Villeneuve-sur-Yonne.

4° Numéroter les pages et s'assurer de l'exactitude du numérotage, soit en le comparant à celui de la matrice générale, soit en multipliant par 4 le nombre des pages ou par 16 celui des feuilles, pour éviter de laisser des pages ou des cases en blanc. (Le numérotage se fait *par rôle* et non *par cahier*, par conséquent avec une série unique de numéros pour le rôle, et non en recommençant la série à chaque cahier).

5° Au nombre des bases de cotisation, mettre devant les mots : *cote personnelle*, le chiffre 1 ou tout autre porté dans la matrice.

6° Dans le cas où un article de la matrice serait resté sans nom de contribuable, c'est-à-dire où l'ancien nom biffé n'aurait pas été remplacé par un nouveau, et dans le cas où un nom figurerait sans aucune base de cotisation, c'est-à-dire où *toutes* les indications portées dans les colonnes 5 à 15 auraient été biffées sans être remplacées par d'autres, rapporter la matrice à la Direction qui préalablement la régularisera.

7° Dans la transcription du rôle, ne jamais intervertir l'ordre des numéros, ne jamais transposer un article d'une case à l'autre, chaque contribuable devant occuper dans le rôle le même numéro que dans la matrice.

DEUXIÈME PARTIE. 1° Porter, en regard des bases de cotisation déjà inscrites, les différentes taxes y afférentes. (Cette inscription se fait immédiatement, dans la 2e colonne, pour la contribution foncière ; dans les cases à ce destinées de la 1re colonne, pour les contributions personnelle-mobilière et des portes et fenêtres, et l'on réunit dans la 2e colonne, à droite des accolades, d'une part, la cote personnelle et la cote mobilière, d'autre part, les différentes catégories de portes et fenêtres.)

2° En procédant à ces inscriptions, s'assurer d'un coup-d'œil si des omissions ou des transpositions auraient été commises dans la *première partie* ou dans la *taxation* (bases sans taxe, taxe sans bases), Les *omissions* sont réparées immédiatement ; les *transpositions* sont notées pour être signalées à la Direction.

3° Former, dans la 3e colonne, le *total général* de chaque article, en y comprenant les 5 centimes de frais d'avertissement.

4° Additionner au bas de cette 3e colonne les quatre articles dont chaque page se compose, en s'assurant que la réunion des deux pages du rôle produit bien le total de la page correspondante de la matrice. En cas de différences, en rechercher la cause et la signaler, si elle provient de la taxation.

5° Faire la récapitulation, c'est-à-dire, relever les bas de pages sur l'avant-dernière page de la feuille de tête. Le résultat final ou *montant total* doit reproduire le *total général du rôle* établi sur la 24e ligne de la feuille de tête.

6° Ce total reconnu exact, le porter en toutes lettres, ainsi que le nom de la commune, dans l'arrêté préfectoral.

7° Écrire en toutes lettres, sans abréviation ni interstices en blanc, le total de chaque article.

8° Bâtonner les cases qui restent en blanc à la fin du rôle.

AVERTISSEMENTS.

1. L'Avertissement est la copie exacte du rôle, dans un cadre disposé de même, les 2e 3e et 4e colonnes de l'Avertissement correspondant aux 1re et 2e du rôle ; le total général de chaque article qui, au rôle, occupe la 3e colonne, se trouve, dans l'Avertissement, au bas de la 4e.

2. On s'assure de l'exacte inscription des cotes, en additionnant les chiffres de la colonne 4e, y compris les 5 centimes de frais d'avertissement, et en regardant si le total trouvé est bien le même que celui porté au rôle.

3. On tire les douzièmes pour tous les articles au-dessus de 11 centimes ; ce qui revient à multiplier la somme par la fraction 0 fr. 08,3333, dont l'on forme un tarif qui facilite le calcul.

4. Les feuilles d'avertissements mal imprimées, mal rognées ou maculées, sont laissées de côté et remises à la Direction.

OBSERVATION GÉNÉRALE.

La présente feuille est destinée à envelopper le rôle pendant toute la durée de sa confection, afin d'éviter de le salir.

Il est recommandé à l'expéditionnaire d'employer de très bonne encre, de mettre un papier buvard sur l'écriture non séchée, avant de tourner le feuillet, pour prévenir les maculations; de travailler toujours *à cahier ouvert* pour ne pas *rouler* le dos du cahier, et de poser le rôle sur la présente enveloppe.

Si malgré les précautions indiquées ci-dessus, il arrivait de laisser des pages ou des cases en blanc ou d'autres accidents, on les déclarerait à la Direction, sans chercher à les dissimuler par des collages ou autrement.

Chaque expéditionnaire répond de l'exactitude de son travail. En le livrant à la Direction, il remet la note des irrégularités reconues par lui dans le travail qui a précédé le sien, faute de quoi il encourt la responsabilité de ces irrégularités.

La personne sous le nom de laquelle le travail est enregistré est seule admise à le confectionner; il ne doit donc y figurer qu'une seule écriture.

Tout Rôle ou Avertissement qui, par suite de l'inobservance des recommandations ci-dessus ou par suite d'erreurs, surcharges, ratures, malpropreté, ne pourrait être admis, sera refait, et l'expéditionnaire tenu, en outre, de rembourser à l'imprimeur le coût du papier, au prix de facture.

§ 14.

Délibérations du Conseil général.

Le Conseil général statue sur les demandes en réduction de contingents formées par les conseils d'arrondissement et par les communes, et fait chaque année, la répartition entre les arrondissements (tableau modèle n° 1 de la circulaire annuelle du répartement) des contributions foncière, personnelle-mobilière et des portes et fenêtres.

Il vote et indique dans ses délibérations le nombre des centimes à imposer :

1° Pour les dépenses ordinaires du département : d'une part, sur les contributions foncière et personnelle-mobilière, jusqu'au maximum déterminé annuellement par la loi de finances, et, d'une autre part, sur les quatre contributions directes, jusqu'au maximum fixé par la même loi (art. 6 de la loi du 18 juillet 1866 et art. 10 de la loi du 31 juillet 1867);

2° Pour les dépenses ordinaires du service vicinal, sur les quatre contributions directes jusqu'au maximum de 7 centimes (loi du 21 mai 1836);

3° Pour les dépenses ordinaires de l'instruction primaire, sur les quatre contributions directes, jusqu'au maximum de 3 centimes (lois des 15 mars 1850 et 10 avril 1867);

4° Pour dépenses extraordinaires de diverses nature et d'utilité départementale, suivant un maximum annuellement fixé par la loi de finances (art. 2 de la loi du 18 juillet 1866);

5° Pour les dépenses du cadastre, jusqu'à un maximum de 5 centimes sur la contribution foncière seulement (lois des 31 juillet 1821 et du 2 août 1829);

6° S'il y avait lieu, les centimes réglés d'office par un décret ou par une loi, et applicables aux dépenses énumérées en l'art. 10 de la loi du 18 juillet 1866.

Les centimes votés ou établis dans les limites précitées, sont inscrits sur l'état général du Répartement qui rappelle, en outre, dans un cadre spécial, avec la date des lois qui les autorisent et l'indication des objets auxquels ils sont affectés, les centimes extraordinaires qui seraient imposés en sus de ceux dont il est fait mention plus haut (n° 4).

La Direction a mission de s'assurer si, dans la fixation du principal établi sur l'état général du répartement,

1° On a eu égard aux décisions rendues sur les réclamations relatives aux contingents ;

2° On a tenu compte des modifications que les contingents doivent subir pour les causes énoncées dans la circulaire du répartement ;

3° On a établi, quant aux centimes additionnels, les indications nécessaires pour éviter toute espèce d'erreur ou omission.

Ces vérifications faites, la Direction procède suivant ce qui a été dit au § 4.

Le Conseil général fixe (entre 0 fr. 50 c. et 1 fr. 50) le prix de la journée de travail formant la base de la taxe personnelle (art. 10 de la loi du 21 avril 1832).

Il arrête le tarif de conversion en argent des prestations en nature (art. 4 de la loi du 21 mai 1836).

§ 15.

Registre des impositions extraordinaires.

(Modèles nos 1 et 2 de la circul. du 10 juin 1827.)

La Direction, à mesure qu'il lui est donné connaissance des actes qui autorisent des impositions extraordinaires, doit les inscrire sur un registre spécial.

La circulaire du 10 juin 1827, en prescrivant l'établissement de ce registre en avait déterminé la forme; mais, par suite de l'extension qu'ont reçue ces impositions, il y a lieu, tout en maintenant le modèle dans ce qu'il a d'essentiel, de lui faire subir quelques modifications propres à faciliter l'exécution des mesures à prendre pour introduire lesdites impositions dans les rôles.

Ces impositions sont de deux sortes : les unes s'étendent sur le département tout entier, et sont établies par des lois spéciales; les autres ne concernent que certaines communes et sont autorisées ou prescrites par des décrets impériaux ou par des arrêtés du préfet, quelquefois aussi par des lois.

D'où il suit que le registre est divisé en deux états :

Le premier, consacré aux impositions extraordinaires ayant pour objet des dépenses d'utilité départementale;

Le second, à celles qui concernent les dépenses communales.

État n° 1er. — *Impositions départementales.* — Le registre doit contenir les renseignements nécessaires pour mettre le Directeur à même de fournir, chaque année, au Préfet, la note dont il a été question au § 3, et dont la production a été prescrite par la circulaire ministérielle du 25 juillet 1836.

Cette note doit indiquer, pour chaque imposition départementale extraordinaire :

1° La date de la loi qui l'a autorisée;

2° Les contributions sur lesquelles elle doit porter;

3° Le nombre de centimes ou la somme fixe à imposer;

4° Le nombre d'années que l'imposition doit durer;

5° L'année où elle a commencé.

Tous ces détails se trouvent dans le registre qui doit présenter les colonnes suivantes :

1° Numéros d'ordre ;

2° Date des notifications faites au Directeur ;

3° Numéro du *Bulletin des lois* ;

4° Dates des lois qui autorisent les impositions départementales ;

5° Objet des impositions ;

6° Nombre d'années que doit durer l'imposition ;

7° Désignation des années de la durée de l'imposition ;

8° Contributions sur lesquelles porte l'imposition ;

9° Impositions autorisées { Nombre de centimes ;

10° Impositions autorisées { Somme fixe à répartir entre le nombre d'années indiquées dans la 6e colonne ;

11° Observations.

Lorsque la Direction reçoit une notification d'imposition départementale, une case est ouverte dans le registre, et les numéros des cases sont reportés sur la lettre qui est conservée avec soin dans une liasse spéciale (invent., chap. VIII, sect. A, n° 1, § 3).

A la réception de la circulaire et de l'état général du répartement, on rapproche ces pièces des inscriptions faites sur le registre, et on s'assure de leur parfaite concordance. Si cette concordance n'existait pas, on en informerait sur-le-champ l'administration et la Préfecture.

Il y a lieu de remarquer, d'ailleurs, qu'on ne doit inscrire au registre désigné ci-dessus que les impositions à établir en sus du maximum de 12 centimes que le conseil général peut voter en vertu de l'art. 11 de la loi du 31 juillet 1867.

ÉTAT N° 2. — *Impositions communales.* — Le modèle annexé à la circulaire du 10 juin 1827, énonçait toutes les impositions communales, par ordre de date, à mesure de leur notification ; mais, aujourd'hui que ces impositions sont devenues très nombreuses, il est préférable de disposer le registre en un ou plusieurs volumes renfermant chacun un ou deux arrondissements. Les pages sont numérotées et le nom des communes inscrit dans la marge supérieure, selon l'ordre adopté par la Direction (voir page 11 *nota*) et de telle sorte que chacune ait son chapitre particulier ; quelques feuilles en blanc sont ménagées à la suite de chaque arrondissement, et enfin une table, placée en tête du volume, indique le folio de chaque commune.

L'état doit contenir les colonnes ci-après, savoir :

1. Dates { des décrets.

2. Dates { des arrêtés préfectoraux.

3. Dates { des votes du conseil municipal.

4. Objet des impositions.
5. Contributions sur lesquelles doivent porter les impositions.
6. Durée des impositions.— Nombre d'années.
7. } Époques auxquelles les impositions { ont commencé.
8. } Époques auxquelles les impositions { doivent cesser.
9. Sommes fixes ou nombre de centimes à imposer.
10. Sommes imposées précédemment.
11. } Montant des sommes imposées sur les années { 186
12. } Montant des sommes imposées sur les années { 186 etc.
13. } Montant des sommes imposées sur les années { 186

(Il convient d'ouvrir au moins vingt colonnes pour les annuités et de ménager une colonne d'observations).

Les colonnes 1 à 8 ne présentent aucune difficulté ; on trouve dans les copies de décrets ou d'arrêtés fournies par la préfecture, tous les détails nécessaires pour les remplir ; à mesure des inscriptions faites sur le registre, le folio est noté sur lesdites copies en regard du nom de la commune. C'est encore au moyen de ces ampliations, et quelquefois à l'aide des indications particulières données, chaque année, par la préfecture, qu'on parvient à déterminer, dans les colonnes 11 à 30, les sommes à imposer annuellement pendant la durée de chaque imposition. Si, au lieu d'une somme fixe, l'imposition résulte d'un nombre de centimes indiqué dans la colonne 8, les colonnes destinées aux annuités ne sont remplies que lorsqu'il est possible de calculer ces annuités avec exactitude, c'est-à-dire au moment où le contingent étant définitivement fixé, on procède au relevé des sommes à comprendre dans les rôles. On peut aussi se borner à mentionner le nombre de centimes dans les colonnes des annuités, et il doit en être ainsi, lorsque le chiffre des centimes à imposer n'est pas le même pour toutes les années.

La neuvième colonne n'est remplie qu'en cas de continuation ; on y résume les sommes imposées antérieurement à l'année pour laquelle la continuation a lieu, et on rectifie, le cas échéant, la série des années indiquée en tête des vingt colonnes suivantes.

Lorsque les annuités, pour une cause quelconque, donneront lieu à des rôles spéciaux, mention en sera faite dans la colonne d'observations (cette annotation suffit).

Les ampliations de décrets et d'arrêtés sont classées séparément par ordre de dates dans des liasses intitulées : *Décrets portant autorisation d'impositions communales ; Arrêtés portant autorisation etc.* (inv., chap. VIII, section A, nº 1, § 2), et pour pouvoir, en tout temps, se rendre compte de ces actes ou y recourir facilement, il devient nécessaire d'ouvrir, pour chacune des deux espèces et dans la forme du tableau chronologique (modèle 3) annexé à la circulaire n° 452, un registre sur lequel les notifications seront inscrites au fur et à mesure de leur réception. C'est à l'aide de ce registre qu'est dressé le tableau à transmettre à l'Administration, en conformité des observations imprimées en tête dudit modèle.

Tous les décrets et arrêtés ainsi que les votes des conseils municipaux (loi du 24 juillet 1867, art. 3), concernant des impositions communales doivent parvenir à la Direction avant le 1er octobre (circulaire du répartement).

Si ces documents se faisaient attendre, si, notamment, la préfecture tardait à fournir les décrets ou arrêtés collectifs concernant certaines dépenses facultatives, ou celles ordinaires des chemins vicinaux et de l'instruction primaire, il serait à propos, dès les premiers jours de septembre et même avant cette époque, de faire des démarches officieuses ou même officielles dans le but d'en obtenir l'expédition le plus promptement possible.

Aux arrêtés du préfet sont ordinairement joints des états indiquant, pour les chemins vicinaux et pour l'instruction primaire (dépenses ordinaires), le nombre des centimes votés par les conseils municipaux et de ceux imposés d'office. On peut se dispenser d'inscrire les impositions de ce genre au registre des impositions communales extraordinaires.

Au 1er octobre, au plus tard, et même avant cette date, si les communications de la préfecture permettent de le faire, on procède, au moins pour l'un des arrondissements, au relevé des sommes de toute espèce qui constituent les dépenses communales à comprendre dans les rôles (*Voir* § 2).

§ 16.

Relevé des sommes à imposer,
ou Tableau des fonds pour dépenses communales.
(*Voir* le modèle à la fin.)

Parmi les éléments nécessaires à l'établissement de l'état du montant des rôles, le plus compliqué dans sa formation est, sans contredit, le tableau des centimes communaux à comprendre dans les contingents de chaque contribution. Les documents dont on a besoin pour former ce tableau sont :

Les états de sous-répartement et les matrices des patentes;

L'état des frais d'experts;

Le registre des impositions extraordinaires (n° 2) ;

L'état, ou à défaut de cet état, les votes ou les arrêtés fournis par la préfecture et portant indication des centimes ou des sommes à imposer pour les chemins vicinaux ;

L'état, ou à défaut de cet état, les votes ou les arrêtés fournis par la préfecture et portant indication des centimes ou des sommes à imposer pour l'instruction primaire.

Les dépenses communales dont il s'agit de composer le montant doivent comprendre :

1° Les centimes affectés aux dépenses ordinaires des communes (maximum 5 centimes, lois des 11 frimaire an VII et du 15 mai 1818, art. 31) ;

2° Les frais de vérification et d'expertise auxquels ont donné lieu les réclamations relatives aux contributions foncière, personnelle-mobilière et des portes et fenêtres, lorsqu'il a été décidé qu'ils seraient supportés par les communes;

3° Les diverses impositions ayant pour objet des dépenses que les communes ne peuvent couvrir au moyen de leurs ressources ordinaires et qualifiées d'impositions extraordinaires, autorisés, selon les cas, par des lois, des ordonnances, des décrets, des arrêtés préfectoraux ou des délibérations des conseil municipaux ;

4° Les centimes votés ou imposés d'office pour les dépenses ordinaires des chemins vicinaux (maximum 5 centimes, loi du 21 mai 1836);

5° Les centimes votés ou imposés d'office pour les dépenses ordinaires de l'instruction primaire (loi du 15 mars 1850, maximum 3 centimes ; loi du 10 avril 1867, maximum 4 centimes) ;

6° Le fonds de non-valeurs } afférents à ces diverses impositions.
7° Les frais de perception }

Quelques explications sur ces différentes sources de produits sont ici nécessaires :

1° Les centimes affectés aux dépenses ordinaires, établis d'abord par les lois des 11 frimaire an VII, 13 floréal an X, et confirmés depuis par plusieurs autres, notamment par celle du 15 mai 1818, ne peuvent pas excéder le nombre de *cinq;* ils portent sur les contributions foncière et personnelle-mobilière; mais, aux termes de l'art. 31 de la dernière des lois précitées, ils ne sont pas obligatoires. Les communes peuvent déclarer que cette ressource leur est inutile, et elles doivent, s'il y a lieu, renouveler leur déclaration pour chacune des années où l'inutilité de l'imposition serait reconnue. Faute de cette déclaration, les cinq centimes seraient compris dans les rôles. Il a été décidé, en outre, qu'une commune qui, pour une année, en aurait voté la suppression, et qui, plus tard, reconnaîtrait qu'elle en a besoin, ne pourrait, l'année suivante, être imposée à plus de 5 centimes, les lois ayant limité à ce chiffre le nombre de centimes qui peuvent être imposés sans une autorisation spéciale (décisions des 22 mars 1823 et 15 juin 1824). Il s'ensuit qu'une imposition au-delà de *cinq* centimes rentrerait dans la catégorie des dépenses extraordinaires, et serait soumise aux formalités prescrites pour celles-ci.

2° Les frais d'experts sont réglés par le préfet. Chaque année il en est dressé un état, afin que les sommes tombant à la charge des communes, en ce qui concerne les contributions foncière et personnelle-mobilière et des portes et fenêtres, soient imposées sur le rôle de l'année suivante;

3° Parmi les impositions extraordinaires, il en est qui pourraient porter exclusivement sur la contribution foncière, telle, par exemple, une imposition qui aurait pour objet le renouvellement du cadastre qu'une commune aurait été autorisée à effectuer dans les conditions prévues par l'art. 7 de la loi du 7 août 1850.

D'autres frappent seulement les contributions foncière et personnelle-mobilière; mais généralement elles s'appliquent aux quatre contributions directes, même celles qui regardent le salaire des gardes champêtres, (art. 16 de la loi du 31 juillet 1867, qui a modifié sur ce point l'art. 19 de la loi du 21 avril 1832). Les actes d'autorisation déterminent, au reste, les contributions auxquelles s'applique chacune des impositions de cette catégorie ; elles sont relevées sur le registre général des impositions extraordinaires, état n° 2 ;

4° La loi du 21 mai 1836, art. 2, a statué que des centimes additionnels, dont le maximum est fixé à *cinq*, seraient votés ou établis d'office pour les dépenses ordinaires des chemins vicinaux. La loi du 24 juillet 1867, art. 3, permet, en outre, aux conseils municipaux de voter 3 centimes extraordinaires qu'ils peuvent appliquer aux chemins vicinaux ordinaires. La préfecture doit, chaque année, fournir au Directeur, avant le 1er octobre, et beaucoup plus tôt, si faire se peut, l'état, par commune, des centimes dont il est question, et c'est à l'aide de cet état qu'ils sont inscrits dans la 15e colonne du tableau des dépenses communales ;

5° Les lois déjà citées des 15 mars 1850 et 10 avril 1867 autorisent la perception d'un maximum, la première de 3 centimes et la seconde de 4 centimes, pour les dépenses de l'instruction primaire ; les nombres votés ou réglés d'office sont notés dans la 21e colonne dudit tableau.

6° Il a déjà été dit que, conformément à la loi du 8 juillet 1852 (art. 14), les centimes pour fonds de non-valeurs devaient s'ajouter aux impositions communales. En conséquence, aux termes de la loi du 13 mai 1863, on applique le montant des centimes communaux ordinaires et extraordinaires, savoir :

8/10es de centime par franc dans les contrib. foncière et persl1e-mobilière ;
2c 4/10es — — portes et fenêtres ;
5 — — patentes.

7° Enfin, en vertu de l'art. 5 de la loi du 20 juillet 1837, les frais de perception, fixés d'une manière générale à 3 centimes par franc, doivent également être ajoutés au montant des centimes communaux augmentés des fonds de non-valeurs indiqué à l'alinéa ci-dessus.

Ces explications données, et après avoir dressé le cadre nécessaire, passons à la formation du tableau qui fait l'objet du présent paragraphe (1).

Le travail, à vrai dire, ne présente pas de difficulté réelle, mais il exige beaucoup de temps, une attention soutenue, et il faut user de tous les moyens

(1) On épargne un temps considérable en faisant imprimer ou autographier des feuilles, au lieu de les tracer à la main. Il est bon d'ouvrir un cahier par arrondissement, afin d'y employer plusieurs personnes. D'un autre côté, si les impositions extraordinaires sont nombreuses, chaque page ne peut contenir que fort peu de communes ; il faut, en outre, tenir compte des additions et des récapitulations, d'où il suit qu'un assez grand nombre de feuilles est nécessaire. La forme de ce tableau étant laissée au choix des directeurs, il dépend d'eux, après l'avoir arrêtée, de ne point la modifier et de s'approvisionner pour plusieurs années. Si l'imprimeur est embarrassé par les dimensions du cadre, il peut l'imprimer en deux parties, c'est-à-dire sur deux feuilles que l'on réunit ensuite en les collant ensemble. (*Voir* le modèle à la fin).

de vérification que procure l'habitude des calculs et de la formation des tableaux. Celui dont il s'agit en ce moment doit être entrepris aussitôt que les contingents ont été réglés en principal sur les états de sous-répartement (col. 7, 15 et 23), et que la préfecture a fourni tous les actes individuels ou collectifs d'autorisation d'impositions communales (salaires des gardes champêtres, dépenses obligatoires ou facultatives, chemins vicinaux, instruction primaire, etc.), et qu'on a porté sur le registre (état nº 2) tous ceux qui sont susceptibles d'y être inscrits. On a eu soin aussi de taxer les droits fixes et proportionnels sur les matrices de patentes, à mesure de l'arrivée de ces matrices à la Direction, afin de connaître le principal de cette contribution pour la fixation des sommes à imposer sur chacun des contingents.

Ces préliminaires achevés, on procède ainsi qu'il suit :

1re Opération. — *Inscription des noms des communes et relevé des impositions extraordinaires.* — On inscrit dans la 1re colonne le nom de chaque commune. Pour cette inscription, on doit suivre l'ordre déjà adopté dans les tableaux dont il a été parlé précédemment. Lorsqu'elle est terminée, on porte dans les colonnes 7, 8, 9 ou 14, selon qu'il s'agit d'un nombre déterminé de centimes ou de sommes fixes, les détails concernant les impositions extraordinaires ; ils sont pris sur le registre spécial (état nº 2) et chaque imposition est inscrite sur une ligne distincte.

On place immédiatement des guillemets dans les colonnes des contributions qui ne doivent pas participer à la répartition des impositions pour dépenses extraordinaires.

2e Opération. — *Relevé des contingents, en principal.* — Le relevé des contingents en principal, en ce qui concerne les contributions foncière, personnelle-mobilière et des portes et fenêtres, ne présente aucune difficulté ; il suffit de transcrire dans les colonnes 2, 3 et 4 du tableau, les sommes qui figurent dans les colonnes 7, 15 et 23 du sous-répartement. Pour la contribution des patentes, si les matrices des communes qui ont à supporter des impositions sont arrivées à la Direction, on calcule les taxes en principal et le total est inscrit dans la colonne 5 ; on termine le relevé en additionnant le principal des quatre contributions dans la colonne 6.

3e Opération. — *Calcul des centimes ordinaires.* — Ces centimes, comme il a été dit plus haut, sont limités au nombre de *cinq*, et s'appliquent aux contingents des contributions foncière et personnelle-mobilière portés dans les colonnes 2 et 3. En cas de déclarations faites par des communes que ces centimes (en tout ou en partie) leur seraient inutiles, on aurait égard à ces déclarations (art. 12 de la loi du 13 floréal an x, et 31 de la loi du 15 mai 1818).

Les résultats du calcul sont établis dans les colonnes 10 et 11, et totalisés dans la 14e. On a soin de s'assurer de leur exactitude.

4e Opération. — *Frais d'experts.* — A l'aide de l'état dont il a été question au commencement de ce paragraphe et au § 18, on inscrit dans l'une ou l'autre des colonnes 10, 11, 12 et dans la colonne 14, pour les communes où il a été procédé à des expertises, les frais réglés par le préfet (art. 19 de l'arrêté du 24 floréal an viii.)

Ces frais devant être distingués sur les feuilles de tête des rôles et dans le développement final de l'état du montant des rôles, il est bon de les inscrire séparément; mais, comme ils ne se produisent que pour un très petit nombre de communes, on peut, pour ménager l'espace, se dispenser de leur affecter des colonnes spéciales. On les porte au-dessus des 5 centimes des dépenses ordinaires (circ. du 20 juin 1823), après avoir inscrit les mots : *Frais d'experts* dans la colonne 8.

5e Opération. — *Répartition des impositions extraordinaires* — Le plus souvent, comme on l'a dit plus haut, les impositions pour dépenses extraordinaires portent sur les quatre contributions. Si elles sont indiquées par un nombre de centimes déjà noté dans la colonne 9 (1re opération), on multiplie le contingent de chaque contribution et le total (col. 14) se vérifie par l'application du même nombre au chiffre énoncé dans la colonne 6. Si l'imposition consiste en une somme fixe, on divise cette somme par le montant des contributions (col. 6) ; le centime le franc qui en résulte, étant appliqué à chaque contingent, constate la part que prennent les différentes contributions dans l'imposition. Ces parts sont inscrites dans les colonnes 10, 11, 12 et 13, et leur réunion dans la 14e doit reproduire le montant de l'imposition. Cette règle est désormais applicable aux salaires des gardes champêtres, en exécution de l'art. 16 de la loi du 31 juillet 1867.

6e Opération. — *Centimes pour chemins vicinaux.* — Le nombre des centimes à imposer est inscrit dans la colonne 15, d'après l'état fourni à ce sujet par la Préfecture. Ce nombre, dont le maximum est de 5, est ensuite appliqué dans les colonnes 16 à 20, au principal de chacune des contributions (col. 2 à 6), d'abord pour les trois contributions comprises dans le même rôle, et pour les patentes; seulement, après qu'on a pu en déterminer définitivement le principal. On a soin, dans cette application, de vérifier le calcul sur les totaux des bas des pages et sur les récapitulations.

7e Opération. — *Centimes pour l'instruction primaire.* — Le maximum de ces centimes est de trois, en vertu de la loi du 15 mars 1850, et de quatre, d'après celle du 10 avril 1867 ; c'est également d'après les notifications faites par la Préfecture à la Direction, que le nombre à imposer est indiqué dans la colonne 21 ; pour l'application qu'on doit en faire dans les colonnes 22 à 26, on cumule les deux nombres et on suit la même marche que pour ceux des chemins vicinaux (alinéa ci-dessus).

8e OPÉRATION. — *Réunion ou totaux des centimes communaux.* — Les cinq espèces d'impositions dont on vient de parler (3e, 4e, 5e, 6e et 7e opérations) constituent l'ensemble des dépenses communales à comprendre dans les rôles ; elles sont totalisées par contribution, et les totaux en sont établis dans les colonnes 27 à 31.

Dans cette opération, comme on l'a dit à l'article des chemins vicinaux, on s'occupe d'abord des trois premières contributions et ensuite de celle des patentes. Cette remarque s'applique également aux opérations qui vont suivre.

La formation des totaux dans les colonnes 27 à 31 serait difficile, si on ne prenait la précaution de l'exécuter à l'aide d'un carton léger que l'on applique sur l'état, après l'avoir découpé de manière à ne laisser à découvert que les colonnes qui doivent composer le total afférent à chaque contribution. Ce procédé permet de continuer la rédaction du tableau sans recourir à des relevés qui allongeraient le travail, ou à d'autres documents qui ne feraient que le compliquer et occasionner une perte de temps.

9e OPÉRATION. — *Fonds de non-valeurs.* — Ce fonds, comme on l'a déjà expliqué, doit être ajouté aux centimes communaux et calculé dans les mêmes proportions que celui du même genre compris dans les centimes généraux ; c'est-à-dire qu'on applique :

0c 80m de centime aux impositions afférentes aux contributions foncière et personnelle-mobilière ;

2c 40m à celles afférentes à la contribution des portes et fenêtres ;

5 centimes à ce qui regarde les patentes. Les produits de ces centimes figurent dans les colonnes 32 à 36.

10e OPÉRATION. — *Réunion des fonds de non-valeurs au montant des impositions communales.* — Dans les cinq colonnes suivantes (37 à 41), on opère la réunion des fonds de non-valeurs dont on vient de parler au montant des contributions auxquelles ils se rapportent, et, afin de faciliter cette réunion, on peut aussi faire usage d'un carton découpé.

11e OPÉRATION. — *Frais de perception.* — Les frais de perception, calculés à raison du taux uniforme de 3 centimes par franc des sommes portées dans les colonnes 37 à 41, sont inscrits dans les colonnes 42 à 46.

12e OPÉRATION. — *Montant total des impositions communales.* —

Enfin, en réunissant les frais de perception (col. 42 à 46) aux totaux portés dans les colonnes 37 à 41, on obtient et on porte dans les colonnes 47 à 51, le montant total et définitif des impositions communales à comprendre dans les rôles généraux des trois contributions et dans les rôles primitifs de patentes.

Il faut, autant que possible, que le travail soit complété par arrondissement, on ne saurait dès lors trop se hâter de taxer les patentes, afin qu'on puisse confectionner concurremment les deux sortes de rôles, puisqu'ils doivent, les uns et les autres, être mis en recouvrement à la même époque.

Les détails qui précèdent doivent suffire pour qu'un employé un peu intelligent, familiarisé avec le calcul et connaissant les moyens de contrôle qu'il est facile de se créer, puisse rédiger le document dont il s'agit avec toute l'exactitude et la précision nécessaires.

S'il existe des biens de l'État ou de la Couronne susceptibles de participer à des impositions en sommes fixes, le principal fictif, déterminé comme il est dit à la page 74, est réuni au principal des quatre contributions ordinaires, et le partage de la somme à imposer est fait *proportionnellement* entre les propriétés de l'État ou de la Couronne et les propriétés privées, afin que les unes et les autres y prennent part en raison de leur importance respective sans excéder la somme fixe dont l'imposition a été autorisée.

TABLEAU *des fonds pour dépenses communales* (§ 16, p. 56.)

N°			
1	Noms des communes.		
2	Principal des contributions	Foncière.	
3		Personnelle-mobilière.	
4		Portes et fenêtres.	
5		Patentes.	
6		Total.	
7	Dates des lois, décrets, ordonnances, arrêtés, délibérations des conseils municipaux.		
8	Objet des impositions.		
9	Impositions communales pour dépenses diverses.	Nombre de centimes imposés.	
10		Répartition sur les contributions	Foncière.
11			Personnelle-mobilière.
12			Portes et fenêtres.
13			Patentes.
14			Total.
15	Dépenses des chemins vicinaux.	Nombre de centimes.	
16		Sommes imposées sur les contributions	Foncière.
17			Personnelle-mobilière.
18			Portes et fenêtres.
19			Patentes.
20			Total.
21	Dépenses de l'instruction primaire.	Nombre de centimes.	
22		Sommes imposées sur les contributions	Foncière.
23			Personnelle-mobilière.
24			Portes et fenêtres.
25			Patentes.
26			Total.
27	Total des sommes imposées sur les contributions	Foncière.	
28		Personnelle-mobilière.	
29		Portes et fenêtres.	
30		Patentes.	
31		Total.	
32	Fonds de non-valeurs sur les contributions	Foncière.	
33		Personnelle-mobilière.	
34		Portes et fenêtres.	
35		Patentes.	
36		Total.	
37	Total des sommes imposées, y compris le fonds de non-valeurs, sur les contributions	Foncière.	
38		Personnelle-mobilière.	
39		Portes et fenêtres.	
40		Patentes.	
41		Total.	
42	Frais de perception : 3 p. % sur les contributions.	Foncière.	
43		Personnelle-mobilière.	
44		Portes et fenêtres.	
45		Patentes.	
46		Total.	
47	Montant total des impositions communales sur les contributions	Foncière.	
48		Personnelle-mobilière.	
49		Portes et fenêtres.	
50		Patentes.	
51		Total.	

§ 17.

Etat des réimpositions.

Le principe des réimpositions a été consacré par les lois des 7 brumaire an VII (art. 4) et 13 floréal an X (art. 22).

Dans le but d'assurer l'exécution de ces lois, la Direction procède, le 1er octobre de chaque année, ou plus tôt, s'il est possible, au relevé par commune, des décharges et réductions accordées sur les contributions foncière, personnelle-mobilière et des portes et fenêtres, faisant l'objet du 8e chapitre du registre de comptabilité des dégrèvements dont le modèle est annexé à la circulaire du 28 décembre 1853, nº 312, modifié par celle nº 416

Ce relevé ou dépouillement réclame beaucoup d'attention (1), car il

---

(1) A l'occasion du dépouillement du registre de comptabilité, il n'est peut-être pas hors de propos de rappeler succinctement la marche à suivre pour sa tenue.

Aussitôt l'arrivée des lettres annonçant l'ouverture des crédits, on en relève les indications dans les colonnes 1 à 4, à chacun des chapitres pour lesquels des crédits sont notifiés.

Au fur et à mesure que les dossiers sur lesquels il a été statué reviennent à la Direction, on met à part les dossiers qui concernent les demandes rejetées, pour faire, le plus tôt possible, aux intéressés, les notifications prescrites. On classe les autres suivant la nature des dégrèvements énoncés au titre des chapitres désignés sur la feuille de tête du registre dont il est question, en ayant soin de réunir ceux de la même commune (précaution fort utile pour la rédaction des ordonnances de dégrèvement ou pour faciliter les dépouillements qu'on aurait à faire ultérieurement). Au moyen des dossiers ainsi rangés, on procède aux inscriptions, en remplissant les colonnes 5 à 13, puis, selon la catégorie à laquelle chaque demande appartient, celles nos 14 à 17.

Quand il s'agit d'imputations extraordinaires ou des frais relatifs aux pertes de récoltes, aux formules de patentes, etc., le montant en est établi dans la colonne 18 ou 20, après indication de la dépense dans la colonne 9.

La colonne 21 reproduit le chiffre porté dans chacune des précédentes ; elle a pour objet de les résumer.

Les inscriptions qui s'opèrent ensuite dans les colonnes 20 à 26 exigent de l'attention, afin que chaque dégrèvement soit exactement rangé dans la classe qui lui est propre.

La désignation à insérer dans la colonne 27, doit être concise, sans manquer de clarté.

Lorsqu'une demande a donné lieu à des frais d'expertise à la charge de la commune, il est

importe de ne pas attribuer à une commune ce qui appartiendrait à une autre. Il se fait à l'aide d'une nomenclature des communes, sur laquelle on ouvre trois colonnes, l'une pour la contribution foncière, qui exige très-peu d'espace; l'autre, beaucoup plus large, pour la contribution personnelle-mobilière : les dégrèvements sur cette dernière contribution étant toujours fort nombreux, du moins, dans les villes et les communes populeuses; la troisième, enfin, pour la contribution des portes et fenêtres. On inscrit dans ces colonnes, sur la ligne et en regard du nom de chaque commune, suivant la contribution, les sommes qui figurent dans les colonnes 20 à 23 du registre de comptabilité, chap. 8.

Le dépouillement terminé, on en additionne les détails par commune et par contribution; et, avec ce travail préparatoire, on rédige un état définitif, dans la forme du modèle prescrit par la circulaire du 7 mars 1833, modifié par celle du 13 octobre 1862, n° 416, sur lequel on inscrit : 1° les communes pour lesquelles il existe des réimpositions, en les plaçant toujours dans l'ordre adopté; 2° les années auxquelles s'appliquent les dégrèvements accordés; 3° le montant totalisé des sommes à réimposer sur chacune des contributions mentionnées plus haut.

Si, par suite de circonstances exceptionnelles, toutes les sommes à réimposer n'avaient pu être comprises dans l'état dressé au 1er octobre, il serait formé ultérieurement, un état supplémentaire, avec indication des motifs du retard (circ. du 12 août 1845, n° 96).

Outre la minute, l'état des réimpositions est rédigé en triple expédition : l'une est destinée à l'Administration, la seconde à la Préfecture, et la troisième à la Trésorerie générale (circ. du 7 mars 1833). La première et la troisième doivent être revêtues du visa du Préfet.

---

fait mention du montant de ces frais réglés par le Préfet, dans la colonne 28, à la ligne sur laquelle la réclamation a été inscrite.

Il convient d'ajouter ici qu'à mesure qu'un dossier est porté au registre de comptabilité, le chapitre et le numéro d'ordre de la colonne 5 sont notés sur la feuille d'instruction.

On passe ensuite à la rédaction des ordonnances qui se fait au moyen des dossiers maintenus dans l'ordre qui a été indiqué plus haut et en ayant soin de mentionner à la marge, en regard de chaque article, le numéro auquel le dégrèvement figure au registre de comptabilité (col. 5).

C'est à l'aide de ce numéro qu'on s'assure de l'exactitude et de la conformité des sommes portées au registre et sur les ordonnances.

Quant aux colonnes 22 à 33, les annotations qu'elles doivent présenter y sont établies au moment où se produisent successivement les faits qu'elles sont destinées à constater.

§ 18.

Etat des frais d'experts.

Les frais d'experts résultant de l'instruction des réclamations doivent, lorsque la demande est admise, être supportés par la commune, en ce qui concerne les contributions foncière, personnelle-mobilière et des portes et fenêtres, et être imputés sur le fonds de non-valeurs, en ce qui concerne celle des patentes. Ils sont payés par le réclamant, lorsque la demande a été rejetée.

Le Préfet, par un arrêté, en fixe le montant pour chaque affaire qui a été l'objet d'une expertise.

Les frais mis à la charge de la commune sont imposés, comme dépense locale, dans le rôle de l'année suivante (art. 17 et 19 de l'arrêté du 24 floréal an VIII).

On les inscrit à une ligne spéciale sur la feuille de tête, ainsi que l'indique le modèle joint à la circulaire du 8 août 1867, n° 466; ils doivent, de plus, figurer dans l'état des impositions communales de manière à être compris dans le montant de ces impositions sur lequel on calcule le fonds de non-valeurs et les frais de perception.

Afin de se rendre compte des expertises auxquelles il a été procédé, il est utile d'ouvrir un carnet spécial contenant les indications ci-dessous (1).

---

(1) 1. Numéro du registre des réclamations.
2. Exercice auquel se rattachent les réclamations.
3. Nom du contrôle.
4. Nom de la commune.
5. Nom des réclamants.
6. Nature de la contribution, objet de chaque réclamation.
7. 8. Noms des experts désignés
   - par le Sous-Préfet.
   - par les réclamants.
9. Date des journées, nombre de myriamètres pour l'aller et le retour, s'il y a lieu.
10. 11. Nombre de vacations dues aux experts nommés
   - par le sous-préfet.
   - par les réclamants.
12. Prix des vacations
13. 14. Montant des sommes dues aux experts nommés
   - par le sous-préfet.
   - par les réclamants.
15. Dates des décisions du conseil de préfecture.
16. Dates des arrêtés du préfet portant fixation des indemnités.
17. 18. 19. 20. 21. Imputation des indemnités allouées aux experts
   - à imposer l'année suivante dans les rôles des contrib.
     - foncière,
     - personnelle-mobilière.
     - portes et fenêtres.
   - à imputer sur les fonds de non-valeurs des patentes.
   - mis à la charge des réclamants.
22. Observations.

Chaque affaire est inscrite à mesure qu'elle se présente et occupe une case distincte dans ce carnet, qui, s'il est soigneusement tenu, offre le moyen d'éviter des erreurs ou des omissions dans les mentions à faire au registre de comptabilité ou sur l'état des impositions communales, et, en outre, de veiller à ce que le paiement des frais en question soit toujours régulièrement opéré.

§ 10.

Etat du montant des Rôles.

(Modèle annexé à la circ. du 8 août 1867, n° 466.)

Le document qu'il s'agit d'établir sous le nom d'état du montant des rôles est assurément celui qui, dans la série des travaux que nous décrivons, présente le plus de difficultés, par la diversité des détails qu'il renferme et par les obstacles qu'on rencontre sonvent à en réunir les éléments en temps opportun. C'est le point central vers lequel toutes les autres opérations viennent converger; c'en est, pour ainsi dire, le couronnement; c'est, enfin, une pièce de comptabilité qui exige la plus rigoureuse exactitude, et il importe d'éviter toute espèce d'omission à l'égard des objets qui sont de nature à entrer dans sa composition. L'employé qui en est chargé doit donc y appliquer toute son attention, posséder l'habitude des calculs et particulièrement être familiarisé avec l'usage des tarifs ou tables de multiplication. Le premier commis doit le rédiger lui-même, et, s'il ne le peut, il doit s'en préoccuper sans cesse et en surveiller la confection et les progrès.

L'état du montant des rôles se divise en deux parties.

La première présente, pour les quatre contributions directes, l'ensemble et le détail des sommes à imposer, c'est-à-dire la formation des contingents;

La seconde, les renseignements administratifs auxquels on a souvent à recourir.

Les modèles, actuellement en usage, donnés par la circulaire du 8 août 1867, n° 466, sont de trois sortes :

1° Feuille de tête, à laquelle est jointe une feuille finale dite du *Développement;*

2° Feuilles intercalaires pour la première partie;

3° Feuille de tête et intercalaires pour la seconde partie.

Dans chaque partie, les noms des communes sont inscrits par perception et dans l'ordre précédemment adopté; une ligne est laissée en blanc après chaque perception; les additions sont faites par page; puis il est formé, pour chaque arrondissement, une récapitulation des bas de page, et, en outre, une récapitulation générale par arrondissement.

PREMIÈRE PARTIE.

On ouvre, par arrondissement, un cahier de feuilles intercalaires, disposé, quant aux noms des communes, aux additions et à la récapitulation, de la manière qui vient d'être indiquée.

Un cahier spécial, composé seulement de la feuille de tête, à laquelle on joint la feuille finale, doit présenter le résumé général de la première partie; il est établi ainsi qu'il suit :

1° Dans un tableau placé sur la première page, il indique les augmentations et les diminutions à opérer sur les contingents assignés au département dans les trois impôts de répartition;

2° Sur les deux pages qui suivent et qui ne forment qu'un seul tableau, on dresse la *Récapitulation par arrondissement*, c'est-à-dire qu'on relève la ligne finale de chaque arrondissement et on additionne le tout sur une dernière ligne. Au-dessous de cette récapitulation, se trouve le décompte, par nature de contribution, des divers centimes communaux contenus dans les colonnes 29 à 34;

3° Après le tableau dont il vient d'être parlé et dans le cadre disposé à cet effet, on établit un *Développement* destiné à indiquer, selon leurs différentes affectations, les produits des centimes ajoutés au principal de chacune des quatre contributions;

4° A la page suivante, on détermine le montant des impositions départementales et communales établies sur les propriétés de l'État;

5° Enfin, un *Résumé général* constate sur la dernière page et par nature de contribution, le montant définitif des rôles et des frais d'avertissement.

Les éléments nécessaires à la formation de cette première partie de l'état du montant, sont les suivants :

1° Les états de sous-répartement avec la récapitulation n° 5 ;

2° Le tableau des impositions communales;

3° L'état des frais d'experts;

4° L'état des réimpositions;

5° Les matrices de patentes.

Aussitôt que la récapitulation n° 5 est achevée, on peut remplir le cadre dans lequel on doit mentionner les changements apportés aux contingents en principal déterminés par la loi de finances.

Le modèle prescrit par les circulaires nos 278 et 466, ainsi que les imprimés dont on se sert, indiquent les causes de ces changements.

Quelques-unes de ces causes sont communes aux augmentations et aux diminutions, ou plutôt on en trouve les résultats dans les mêmes documents :

1° L'impôt des propriétés non bâties qui sont devenues imposables ou qui ont cessé de l'être, se trouve consigné dans l'état dressé en exécution des circulaires nos 81 et 146 (V. § 2).

2° On doit y trouver aussi les résultats des modifications de territoires, en tant que les changements de limites affecteraient la consistance départementale; à défaut dudit état, on consulterait les dossiers des affaires de ce genre et les documents fournis pour le règlement des contingents par le conseil général;

3° Ce qui concerne les constructions et les démolitions est compris dans le Dépouillement des états n° 11 (V. § 3).

4° et 5° Les augmentations pour atténuation de produit des nouvelles constructions, ou pour exagération dans le produit des démolitions, de même que les diminutions pour atténuations du produit des démolitions, ou pour exagération du produit des constructions nouvelles, le tout concernant l'année précédente, constituent des cas assez rares. Ils ne se produisent que lorsque le contingent assigné au département par le Corps législatif, diffère de celui imposé dans les rôles de l'année précédente; ce qui arrive lorsque le budget a été établi d'après une récapitulation *provisoire* n° 5; ou bien lorsqu'il a été apporté des modifications à la récapitulation définitive, après la formation du budget.

6° Les accroissements ou les diminutions du contingent des portes et fenêtres (art. 3 de la loi du 4 août 1844), n'ont lieu qu'à l'époque de l'application d'un nouveau recensement de population (on ne fait alors que transcrire les données contenues dans le tableau adressé à l'administration, circ. n° 359); ou lorsqu'une commune, par suite d'une modification de territoire, passe dans une catégorie de population inférieure ou supérieure à celle dont elle faisait précédemment partie.

7° L'état du montant des rôles supplétifs pour cotisations omises, fournit les moyens d'opérer la déduction prescrite par l'article 28 de la loi du 21 avril 1832. Les dispositions de cette loi ne reçoivent plus guère leur exécution par suite de la suppression du cens électoral. Toutefois, comme elles n'ont pas été formellement rapportées, on aurait, si la demande en était faite, à s'y conformer. Il existe d'ailleurs, dans certaines contrées, des cas où les habitants peuvent avoir intérêt à figurer au rôle de la contribution personnelle-mobilière.

Il ne faut pas oublier que les restes inscrits sur la dernière ligne du tableau doivent reproduire les totaux définitifs des colonnes 6, 11 et 16 de la récapitulation n° 5, et qu'ils devront se retrouver dans ceux de la récapitulation générale par arrondissement dont il sera question plus loin.

Toutes les dispositions ci-dessus détaillées étant prises et après s'être encore assuré que les communes sont bien inscrites dans le même ordre qu'aux états du sous-répartement, on procède successivement, et par arrondissement, à la formation des contingents communaux.

On remplit, à l'aide de ces derniers états, neuf colonnes de celui du montant des rôles, savoir :

Foncière,	col.	3, 4, 5,	avec les col.	7, 8, 9,	du sous-répart^{t}.
Pers^{lle}-mobilière,	—	9, 10, 11,	—	15, 16, 17,	—
Portes et fenêtres,	—	15, 16, 17,	—	23, 24, 25.	—

Ce travail peut être fait par tout employé chiffrant bien et additionnant avec exactitude. On s'assure immédiatement par les récapitulations d'arrondissement de la régularité de la transcription.

Comme il importe de hâter le plus possible le moment d'entreprendre le calcul des taxes individuelles sur les matrices générales, on continue, sans interruption et à mesure qu'on a pu réunir pour un arrondissement tous les matériaux nécessaires, la rédaction de l'état du montant des rôles, en ce qui concerne les trois contributions désignées ci-dessus, et, en conséquence, on remplit les colonnes 6, 12 et 18, au moyen des colonnes 47, 48 et 49 de l'état des centimes communaux (§ 16); les colonnes 7, 13 et 19 à l'aide de l'état des réimpositions, et enfin les colonnes 8, 14 et 20 par des additions horizontales à l'encre rouge; toutes ces colonnes sont additionnées et récapitulées et les totaux vérifiés.

On peut alors faire remplir les feuilles de tête des rôles, ainsi qu'il sera dit en son lieu.

Il est indispensable que l'exécution de ces différentes opérations soit conduite avec la plus grande célérité, afin que la suite de la confection ne soit pas retardée.

La contribution des patentes, dont les rôles, sauf quelques exceptions, doivent être mis en recouvrement en même temps que ceux dont on vient de parler, présente des difficultés qui tiennent au retard que peut éprouver la rentrée des matrices des communes réservées. Ces communes sont, à la vérité, les plus importantes pour le produit et pour la quantité des articles qu'elles renferment; néanmoins, comme le nombre en est restreint, il n'est pas nécessaire d'attendre qu'elles soient toutes parvenues à la Direction pour remplir le cadre affecté à cette contribution dans l'état du montant des rôles. Lorsqu'on est en mesure de s'occuper des patentes, au point de vue de cet état, les taxes en principal (si on a eu soin de les calculer à l'arrivée de chaque matrice) doivent être préparées pour être inscrites dans la 21e colonne. Si cette inscription peut être faite pour toutes les communes d'un arrondissement, on additionne définitivement cette colonne 21, et on remplit immédiatement les colonnes 14 et 15 de la seconde partie. L'addition de l'ensemble de ces deux colonnes doit reproduire le total de la 21e (1re partie), et de cette manière, on est assuré que le principal des patentes est exactement relevé. On applique sur l'état même, colonne 22 et 23, à l'aide des tables de multiplication, ou d'un tarif manuscrit, les centimes généraux et départementaux. La colonne des centimes communaux (24) est remplie avec la colonne 50 de l'état de ces centimes (§ 16) et enfin, dans la 25e, par une addition horizontale, à l'encre rouge, on forme le total de la contribution des patentes. Si, pour quelques communes, la Direction n'a pas reçu les matrices, on passe outre, c'est-à-dire qu'on procède comme on vient de l'expliquer, et on établit des totaux provisoires qui permettent de faire toutes les vérifications nécessaires et qui sont, plus tard, remplacés par des totaux définitifs.

On rédige les feuilles de tête des rôles (V. § 22) à mesure qu'on a pu, soit pour les trois premières contributions, soit pour les patentes, compléter d'une manière assurée par des totaux provisoires ou définitifs une page de l'état, et alors la confection des rôles peut marcher rapidement dans toutes ses parties.

La colonne 26 doit présenter, pour le montant des frais d'avertissements, la réunion de ceux compris tant dans les rôles généraux que dans les rôles des patentes. Cette réunion s'opère sur une nomenclature des communes disposée dans la forme indiquée ci-dessous (1), qui réunit pour les deux espèces de rôles : 1° le montant des frais d'avertissement ; 2° le montant total des quatre contributions ; 3° le nombre des articles de rôles, et offre ainsi un moyen facile de remplir les colonnes 26 et 27 de la première partie, et la colonne 4 de la seconde partie de l'état du montant des rôles.

La 28e colonne est destinée à contenir, pour chaque perception, le total des

(1) État, pour l'année 186 , des frais d'avertissement, du montant des rôles et du nombre des articles de rôles.

1.	Communes.	
2.	Frais d'avertissement des rôles	généraux.
3.		primitifs de patentes.
4.		total.
5.	Montant des rôles.........	généraux.
6.		primitifs de patentes.
7.		total.
8.	Nombre d'articles des rôles...	généraux.
9.		primitifs de patentes.
10.		total.

Les détails à mentionner dans cet état sont pris sur la feuille de tête des rôles, lignes 23 et 24 pour les rôles généraux, 19 et 20 pour les rôles des patentes.

sommes inscrites dans la 27e, et elle doit, soit au bas des pages, soit aux récapitulations, présenter les mêmes résultats.

Les sept colonnes qui suivent, 29 à 35, ne sont pas nécessaires pour les opérations qui se rattachent à la confection des rôles. Les renseignements qu'elles concernent s'appliquent à la comptabilité des dépenses communales; on pourrait donc, du moins pour les six premières, différer de les remplir jusqu'au moment où les travaux touchent à leur terme. Cependant, il est préférable et même nécessaire, à raison des moyens de vérification qu'elles peuvent offrir, de s'en occuper le plus tôt possible, notamment pour la 35e qui indique le produit des 8 centimes attribués aux communes sur le principal des patentes, par l'article 32 de la loi du 25 avril 1844 (attribution qui doit être mentionnée sur la feuille de tête des rôles). Ces colonnes, d'ailleurs, se garnissent facilement, savoir :

La 29e, au moyen de la somme portée sur la 1re ligne dans la colonne 14 de l'état des centimes communaux à laquelle on ajoute les frais d'experts;

La 30e, par la réunion des autres sommes de ladite colonne 14;

La 31e, au moyen de la 20e de l'état dont il s'agit.

La 32e, au moyen de la 26e id.

La 33e, au moyen de la 36e id.

La 34e, au moyen de la 46e id.

La 35e exige un calcul qui consiste à multiplier par 0 f. 08 c., le principal des patentes (col. 21), en tenant compte, selon l'usage, des fractions de centime.

Le décompte des centimes communaux par nature de contribution, qui suit la récapitulation générale des arrondissements, doit être établi aussitôt que les colonnes dont il vient d'être question auront été remplies. Il en est, en quelque sorte, le complément vérificateur, et c'est encore à l'aide de l'état des centimes communaux qu'on en garnit les colonnes 2, 3, 5, 6 et 7, en effectuant les réunions que ces colonnes peuvent exiger. Quant à la 9e, elle ne fait que reproduire ce qui a déjà été établi dans la 35e du cadre placé au-dessus.

Le *Développement* a pour objet de présenter, en trois catégories, pour chaque contribution et par arrondissement, le produit des centimes additionnels groupés par commune dans l'état du montant des rôles, savoir :

Centimes { généraux.
départementaux.
communaux.

Chacune de ces catégories se subdivise selon la nature des dépenses auxquelles sont affectés les centimes qui la composent et c'est cette subdivision qu'il s'agit d'établir, afin d'appliquer chaque produit à la destination qui lui est propre.

Ceci posé, on inscrit sur le cadre du *Développement*, où les noms des arrondissements sont portés en tête des colonnes, les divisions principales indiquées par la récapitulation générale qui termine la première partie : Ainsi, pour chaque arrondissement on établit sur la première ligne,

col. 4 à 10 le principal de la contribution foncière, pris dans la col. 3 de ladite récapitulation.
— 12 à 18 — — personnelle mobilière — 9 — —
— 20 à 26 — — portes et fenêtres — 15 — —
— 28 à 34 — — des patentes — 21 — —

Les colonnes 10, 18, 26 et 34 du *Développement* sont réunies dans la 35e.

En suivant le même ordre par contribution et par arrondissement et en réunissant les chiffres rouges aux chiffres noirs, afin que le *Développement* comprenne la totalité des sommes, on porte sur la ligne :

5 le produit des centimes généraux, qui figurent dans les col. 4, 10, 16, 22 de la récap.
— 18 — départementaux, — 5, 11, 17, 23 —
— 28 — communaux, — 6, 12, 18, 24 —
— 29 le montant des réimpositions pour les trois contributions — 7, 13, 19.

Par la réunion de ces deux dernières lignes on forme le troisième total, ligne 30, et enfin on transcrit, sur la ligne 31, les totaux portés à l'encre rouge dans les colonnes 8, 14, 19 et 25 de la récapitulation générale, et on s'assure de l'exactitude de ces transcriptions en additionnant les lignes 1, 5, 18 et 30, qui, pour chaque colonne, doivent donner le total que l'on vient d'inscrire sur la ligne 31.

La réunion des colonnes 10, 18, 26 et 34 déjà indiquée pour le principal doit également être opérée pour chacune des lignes 5, 18, 28, 29, 30 et 31 dans la 35e colonne.

Après avoir ainsi placé les grandes divisions, après s'être assuré par des additions perpendiculaires et horizontales de l'exactitude de leur transcription, et avoir noté dans les colonnes 3, 11, 19 et 27, le nombre des centimes additionnels non imprimés, on calcule séparément les éléments, c'est-à-dire les différents produits de centimes dont chaque division se compose :

1° Lignes 2, 3 et 4 pour la première, autrement dit *premier total*, ligne 5 ;

2° Lignes 6 à 15 qu'on additionne sur la 16e, à laquelle on ajoute le montant de la 17e, ce qui forme la seconde division ou 2me *total*, ligne 18.

3° Les lignes 19 à 24 n'exigent point de calculs ; on en trouve, suivant leurs titres, le montant dans les colonnes correspondantes de la récapitulation finale du tableau des impositions communales.

On a soin de vérifier si, pour chaque division, les détails reproduisent le chiffre des totaux déjà posés.

On complétera plus tard le tableau en plaçant au-dessous du dernier total de la colonne 35, le montant des frais d'avertissement, et on arrivera ainsi au total général des quatre contributions comprises dans les rôles généraux.

Les instructions veulent qu'à la suite du *Développement* que l'on vient de décrire, il soit rendu compte, par arrondissement, des sommes imposées, à titre de concours aux dépenses du département et des communes, sur les propriétés de la Couronne et de l'État.

En vertu de la loi du 2 mars 1832, ou plutôt du sénatus-consulte du 12 décembre 1852, les biens de la dotation de la Couronne, sans cesser d'être non imposables, supportent les charges départementales et communales de toute nature ajoutées aux contributions foncière et des portes et fenêtres (1).

D'un autre côté, en conformité de l'art. 13 de la loi du 21 mai 1836, les propriétés de l'État productives de revenus (forêts domaniales) non passibles de la contribution foncière, contribuent aux centimes départementaux et communaux applicables aux chemins vicinaux et aux chemins de fer d'intérêt local dans la même proportion que les propriétés particulières; en outre, elles supportent, aux termes des lois du 18 juillet 1866 (art. 6) et 24 juillet 1867 (art. 4.), les centimes additionnels ordinaires et extraordinaires affectés aux dépenses des départements et des communes, mais seulement d'après la moitié de leur valeur imposable.

Afin d'assurer l'exécution de ces lois, le revenu cadastral des deux sortes de propriétés qui viennent d'être désignées a dû être déterminé dans des matrices particulières, où l'on a dû, également, pour les propriétés de la Couronne, relever le nombre d'ouvertures imposables. Sur ces bases, on calcule, chaque année, le principal fictif d'après lequel s'établissent les cotisations que les propriétés dont il s'agit doivent supporter pour leur concours, dans les limites fixées pour chaque espèce de ces propriétés, aux dépenses départementales et communales (circ. des 5 et 12 mai 1832, 12 septembre 1836, 7 et 8 août 1867). Les cotisations ainsi formées sont portées à la fin des rôles, dans des articles spéciaux ouverts, selon le cas, au nom de la *Liste civile* ou du *Domaine de l'État*, et il en est fait mention dans l'état du montant des rôles de la manière suivante :

Biens de la couronne : Le principal de la contribution foncière et, s'il y a lieu, celui de la contribution des portes et fenêtres, destinés à servir de bases

---

(1) Les dispositions du sénatus-consulte du 12 décembre 1852 s'appliquent aux biens autres que ceux concédés par bail emphytéotique, puisque ceux-ci, en vertu d'un avis du conseil d'État du 30 janvier 1828, doivent, pendant la durée du bail, être assimilées aux propriétés privées de même nature, et soumises à l'impôt foncier.

aux cotisations départementales et communales à imposer sur ces biens, sont inscrits à l'encre bleue, sur une ligne ménagée dans ce but, à l'article de chaque commune où il en existe, au-dessous de celle que cette commune occupe dans l'état du montant des rôles, 3ᵉ et 15ᵉ colonnes de cet état (première partie); les centimes départementaux et communaux sont calculés et portés dans les colonnes 5, 6 et 7 (foncière), 17, 18 et 19 (portes et fenêtres) et ils sont compris dans les totaux des 8ᵉ et 20ᵉ colonnes.

Propriétés de l'État (bois et forêts) : La même marche est suivie à l'égard des biens de l'État, productifs de revenus, qui doivent contribuer de la manière indiquée plus haut aux dépenses départementales et communales. Seulement il ne s'agit que de la contribution foncière, et les sommes sont établies à l'encre rouge sur une ligne spéciale, dans l'état du montant des rôles, colonnes 3 à 8.

Les diverses inscriptions faites avec de l'encre d'une couleur particulière, sont additionnées, chacune séparément au bas des pages, et figurent de la même manière dans les différentes récapitulations.

Les frais d'avertissement et le nombre des articles relatifs aux deux espèces de propriétés, sont aussi inscrits distinctement dans la 26ᵉ colonne de la première partie et dans la 4ᵉ de la seconde partie dudit état (circul. 129 et *Nota* placé sur la feuille de tête de l'état du montant, 2ᵐᵉ partie).

Ces sortes d'impositions sont réunies à celles de même nature dans le *Développement* du montant des rôles généraux; mais elles sont détaillées, chacune dans un cadre spécial, conforme au modèle qui fait suite au *Développement.*

Les détails contenus dans ce cadre correspondent à ceux du *Développement* qui précède, et offrent les moyens d'introduire les cotisations dont il s'agit, dans les différentes parties de l'état du montant des rôles; d'un autre coté, l'annotation des centimes additionnels dans la 1ʳᵉ colonne indique les calculs à effectuer en se conformant au *Nota* relatif aux lignes marquées d'un astérique.

Au-dessous du tableau dont il vient d'être parlé, on mentionne les sommes prélevées sur les produits de l'octroi, en acquit de la contribution personnelle-mobilière. L'intitulé des colonnes dispense de toute explication sur les renseignements à y présenter; on les trouve dans les ampliations de décrets fournies par la Préfecture ou par la Direction générale, et qu'on a dû classer avec soin (Inventaire, chap. III, Sᵒⁿ C. nᵒ 1, § 4).

Enfin, la première partie de l'état du montant des rôles se termine par un *Résumé général* qui doit être établi dans la forme du modèle (nᵒ 2) annexé à la circulaire nᵒ 438, et destiné à remplacer celui qui était joint à la circulaire nᵒ 416; il va de soi que l'on doit en éliminer, comme l'a fait l'imprimerie Dupont, ce qui concernait l'impôt supprimé des voitures et chevaux.

Une autre remarque préliminaire, c'est que le *Résumé* se compose de treize colonnes pour les rôles généraux et primitifs, tandis que pour les états trimestriels, il en présente quatorze. Dans ces derniers, une colonne, à laquelle on peut donner le n° 7 par la place qu'elle occupe, est introduite après la 6e, pour indiquer le montant des frais de confection des rôles spéciaux et qui figurent sur la ligne 27 du *Développement* trimestriel.

Le *Résumé* est divisé en deux sections, consacrées à faire ressortir : la première, les fonds pour dépenses générales ; la seconde, les fonds pour dépenses spéciales.

La désignation des contributions occupant dans l'imprimé la 1re colonne, le travail du rédacteur commence à la suivante.

Cependant il semble qu'avant tout, on doit porter dans la dernière (13e ou 14e) le montant total des quatre contributions et des frais d'avertissement, de manière à établir le total général des rôles. On revient ensuite aux détails à consigner dans les colonnes qui précèdent.

La colonne 2 doit reproduire les chiffres énoncés dans les colonnes du *Développement* nos 10, 18, 26, 34 et 35 pour le total, si ce n'est que pour les deux dernières, il faut déduire les 8 centimes par franc du principal des patentes attribués aux communes.

La colonne 3 est destinée à recevoir ceux des colonnes 10, 18, 26, 34 et 35 de la ligne 2 du *Développement.*

Le titre de la colonne 4 indique suffisamment la nature de l'indication à y inscrire, laquelle s'obtient en multipliant le nombre d'avertissements par 3 centimes; on porte le produit sur la ligne intitulée : *Frais d'avertissement.*

La 5e colonne est formée de l'addition horizontale des trois précédentes.

Les colonnes dont on vient de parler déterminent la part des impôts affectée aux dépenses *générales*. Reste à extraire du *Développement* celle qui s'applique aux dépenses spéciales.

On opère, comme on l'a fait pour la 1re section, sur les totaux qui figurent dans les colonnes 10, 18, 26, 34 et 35 du *Développement;* en conséquence, on relève, dans la colonne 6, les centimes départementaux mentionnés sur la ligne 16 du *Développement.*

Il a été donné plus haut des éclaircissements pour la colonne relative aux frais de confection des rôles spéciaux d'impositions départementales ou communales, laquelle ne trouve sa place que dans les *Résumés trimestriels.*

La colonne suivante, qui concerne les centimes communaux, est remplie par des totaux formés des lignes 24 et 27 auxquels on ajoute, pour les patentes, les 8 centimes qui ont été déduits du principal, colonne 2 de la 1re section, et dont le montant est énoncé dans la colonne 35 de l'état du montant des rôles (1re partie).

Le fonds de secours à noter dans la colonne qui vient ensuite se trouve sur la ligne 3 du *Développement*, colonnes 10, 18 et 35 pour le total.

Pour former les fonds de non-valeurs, on réunit les totaux des lignes 4, 17 et 25 du *Développement*. Le titre de la colonne l'indique assez clairement pour qu'il soit superflu d'ajouter d'autres explications.

Il en est de même des réimpositions qu'on relève sur la ligne 29, et enfin, pour les frais d'avertissements, on prend les 2/5 de la somme énoncée à ce titre au-dessous de la 31e ligne; la colonne du total réunit par contribution les différentes sommes afférentes aux dépenses spéciales.

Cette colonne réunie à la 5e doit produire les totaux déjà inscrits dans la dernière. Cela étant, on est assuré de l'exactitude du travail que l'on vient d'exécuter.

On répétera, au sujet du *Développement*, du *Résumé général* et de la plupart des renseignements à mentionner dans la seconde partie, ce qui a été dit à l'égard des colonnes 29 à 35 de la première. La rédaction peut en être ajournée à la fin de la confection des rôles. Il n'est guère possible, au surplus, de déterminer pour cela, une époque plutôt qu'une autre; il s'agit de choisir les moments les plus opportuns, et de se préoccuper à propos de ce qui est le plus urgent. Mais ce qu'il faut avoir sans cesse présent à l'esprit c'est qu'il est bon d'achever, aussitôt qu'on le peut, tout ce qui regarde l'état du montant des rôles.

Il convient de remarquer, à l'égard des frais d'avertissement,

1° Que la colonne 4 de la 1re section du résumé doit présenter le montant des 3/5 pour tous les rôles établis au compte de l'État, tels que :

Rôles généraux, rôles primitifs de patentes; rôles de biens devenus imposables à la contribution foncière; rôles de cotisations omises; rôles supplémentaires de patentes;

2° Que la colonne 11 ou 12 de la 2me section doit contenir non-seulement les 2/5 des frais d'avertissement pour les rôles désignés ci-dessus, mais aussi les 5 centimes relatifs aux avertissements des rôles spéciaux d'impositions départementales ou communales et de ceux qui concernent les dépenses des bourses et chambres de commerce.

DEUXIÈME PARTIE.

Afin d'épuiser tout ce qui concerne la rédaction de l'état du montant des rôles, nous placerons ici ce que nous avons à dire de sa seconde partie, bien que l'on ne s'en occupe d'ordinaire qu'après l'achèvement des rôles. Il est bon cependant de l'entreprendre, du moins pour les col. 1 à 15 et 20 à 36, avant l'émission, puisque la confrontation de cette partie, avec les feuilles de tête, peut encore faire réparer des erreurs dans celle-ci.

Après avoir porté col. 1 et 2, les noms des perceptions et des communes dans l'ordre accoutumé, on trouve les renseignements qui doivent entrer dans les colonnes suivantes, savoir :

Pour le chiffre de la *Population*, col. 3, dans le tableau de la population, fourni par la préfecture, à l'époque de chaque recensement quinquennal. — Ce tableau indique ordinairement la population *totale* et la population *municipale* ; c'est cette dernière qui doit figurer dans l'état du montant des rôles ; au reste, sauf pour l'année où un nouveau recensement doit être appliqué, on se borne à transcrire la colonne correspondante de l'année précédente ;

Dans les feuilles de tarifs dont il a été fait mention plus haut, page 12, pour les chiffres à porter dans les colonnes 5, 6, 7, 8, 9, 12, 13, 20, 21, 22, 23, 24, 25, 26, 27, 28, 29, 30 et 31, en ayant soin de distinguer à l'encre rouge, dans les colonnes 24 à 31, le tarif applicable aux ouvertures des maisons situées dans la banlieue des villes de plus de 5,000 âmes ;

Sur les feuilles de tête des matrices générales qui renferment également la plupart des renseignements indiqués par l'alinéa précédent, la proportion exprimant la part de l'état dans le montant des contributions foncière, personnelle-mobilière et des portes et fenêtres à inscrire colonnes 33, 34, 35 et 36.

Dans l'état des centimes communaux (col. 7, 9, 14 et 8), pour les colonnes 16, 17, 18 et 19.

Dans les matrices de patentes, pour les colonnes 10, 11, 32, ainsi que pour la 36e, indicative de la part de l'état dans la contribution des patentes. Les colonnes 14 et 15 ont dû être remplies antérieurement, ainsi qu'il a été dit, pour vérifier le relevé du principal dans la 21e colonne de la première partie de l'état ;

La 4e colonne comprend le nombre total des articles de rôles des quatre contributions. C'est ce nombre qui, multiplié par *cinq* centimes, doit produire les sommes qui figurent dans la 26e colonne de la première partie. On l'établit en transcrivant simplement le nombre porté dans la colonne 10 du relevé spécial du montant des rôles dont il a été question dans le paragraphe précédent, page 71, au sujet de la colonne précitée n° 26. Le nombre d'articles du *Domaine de l'État et des propriétés de la Couronne* figure à l'encre rouge *au-dessous* du nombre noir, duquel on a eu soin de le retrancher (circ. du 31 juillet 1846).

La pratique enseigne des moyens de vérification qu'il convient de ne pas négliger ; cependant, afin de ne rien omettre d'essentiel, nous mentionnerons les suivants :

Les diverses colonnes qui doivent être additionnées, se vérifient soit par les totaux déjà établis dans les documents qui servent à les remplir, soit en les réadditionnant sur la copie destinée à l'Administration.

Le nombre des articles de rôles, colonne 4, est déjà contrôlé par le chiffre des frais d'avertissement, col. 26 de la première partie On a d'ailleurs, pour le vérifier, l'état dont il est question à la page 71.

Le nombre des cotes des diverses contributions, outre les doubles additions qu'on en peut faire de la manière indiquée ci-dessus, doit être comparé à celui de l'année antérieure, et, en cas de différences un peu sensibles, on opère une confrontation par arrondissement d'abord, puis par page, enfin par commune; et l'on fait recompter les cotes sur les matrices générales des communes qui présentent les plus fortes différences.

En groupant les nombres inscrits dans la 6e colonne suivant les différents taux de taxes personnelles, fixés par le conseil général, et en multipliant chaque groupe par le taux qui le concerne, on doit, au total, obtenir le chiffre de la colonne 12.

Cette colonne 12, réunie à la 13me, doit produire le montant total de la contribution personnelle-mobilière, colonne 14 de la première partie.

On a dit plus haut que les 14e et 15e colonnes constataient l'exactitude de la vingt-unième de la première partie, dès lors elles se trouvent déjà vérifiées.

Le revenu imposable énoncé dans la 19e colonne, doit être comparé à celui de l'année précédente; si la différence que fait ressortir cette comparaison est la même que celle qui existe entre le revenu des vendeurs et celui des acquéreurs sur l'*État sommaire des mutations* (modèle n° 21 annexé à l'Instruction du 18 décembre 1853), on peut en conclure que les chiffres portés dans ladite colonne sont exacts. En cas de désaccord, il faut se livrer à une confrontation par commune, à l'aide du tableau que l'on a dû dresser pour la formation de l'état sommaire.

Quant aux autres colonnes, et même pour plusieurs de celles déjà citées, on peut les vérifier à l'aide des têtes de matrices générales, au moment où l'on s'en sert pour inscrire, dans les 33e, 34e et 35e colonnes, la proportion de la part revenant à l'État dans les trois premières contributions.

On répète que l'employé chargé de la rédaction de l'état du montant des rôles doit y donner toute son attention, et s'assurer, par les moyens de vérification que la contexture de ce document fournit à chaque pas, de l'exactitude de ses calculs, et qu'il n'a omis aucun des détails qui doivent y entrer. Il faut, en un mot, qu'on ne soit pas dans la nécessité, et notamment quand on procède aux expéditions, de multiplier des vérifications qui exigeraient, en pure perte, un temps considérable.

Il est bon, après avoir établi la deuxième partie de l'état du montant d'après les feuilles de tête des matrices générales, de la confronter avec le revers des feuilles de tête des rôles, où l'on s'assure en même temps de l'inscription des centimes le franc en principal; de porter les proportions à l'état du montant et au bas des feuilles de tête, toujours d'après le cahier de la division des cotes, et de rapprocher les deux pièces pour contrôler l'une par l'autre.

§ 20.

Copies de l'Etat du montant des rôles.

La Direction est tenue de rédiger trois expéditions de l'état du montant des rôles.

La première est destinée à la Trésorerie générale et doit lui être adressée dès que la confection des rôles est achevée. A cet effet, il est bon de la faire entreprendre aussitôt que la minute a atteint un certain degré d'avancement, et de la continuer concurremment. Dans cette copie, de même que dans celles dont il sera parlé ci-après, les pages doivent cadrer avec celles de la minute, et toutes les colonnes être additionnées, afin d'obtenir la garantie que la transcription est faite avec la plus rigoureuse exactitude. Cette expédition ne se compose que de la première partie y compris le *Développement* et le *Résumé final;* elle doit être visée et approuvée par le préfet.

La seconde est adressée à l'Administration centrale, ordinairement dans le mois qui suit l'achèvement des rôles. Elle comprend la première et la deuxième partie ; elle est additionnée, collationnée avec soin pour les colonnes non susceptibles d'addition, de manière à en assurer la plus parfaite régularité ; elle est également revêtue du visa et de l'approbation du préfet.

Cette expédition, qui, suivant une circulaire du 6 juin 1832, devait être reliée et cartonnée, est aujourd'hui (circ. n° 162) simplement brochée, attendu que l'administration des postes ne reçoit plus les volumes reliés ou cartonnés.

On y joint, dans la forme du modèle n° 3 de la circulaire n° 452, un relevé des impositions communales notifiées dans l'année qui précède celle dont les rôles viennent d'être confectionnés. Le modèle et les explications données indiquent avec une suffisante clarté la nature des renseignements à fournir; Il devient seulement nécessaire, pour les impositions dont il s'agit, et indépendamment du registre par commune, dont il a été parlé dans un précédent paragraphe, de tenir un autre registre sur lequel seront inscrits les décrets notifiés par le Préfet, sauf, si l'ordre chronologique n'était pas suivi dans les notifications, à rétablir cet ordre sur le cadre qui sera transmis à l'Administration.

La troisième et dernière expédition est remise à la Préfecture (circ. 13 septembre 1839). Elle est extraite de la première partie de l'état du montant, c'est-à-dire qu'au lieu de comprendre tous les détails contenus dans celle-ci, elle ne présente que le total des quatre contributions, les frais d'avertissement, le montant des rôles par commune et par perception ; puis, dans sept colonnes à la suite, le détail des centimes communaux. En définitive, après avoir inscrit les noms des communes, on remplit :

Les col. 3,4,5,6,7 avec les col. 8, 14,20,25,26 (*encre rouge*) de la minute,
— 8, 9 — 27, 28 —
— 10 à 16 — 29 à 35 —

On y ajoute la copie du *Développement* et du *Résumé* final.

Le modèle de cet état est annexé aux circulaires des 1er et 2 septembre 1841.

Dans le cas où la Préfecture jugerait nécessaire d'avoir, en outre, un état présentant, par commune, le principal de la contribution des patentes, la Direction aurait à y pourvoir (circ. du 29 août 1842). On pourrait, dans ce cas, inscrire ce principal à la marge et en regard du nom de chaque commune sur l'expédition de l'état du montant des rôles dont il vient d'être parlé.

§ 21.

Feuilles de tête des Rôles.

Contributions foncière, personnelle-mobilière et des portes et fenêtres (1).

Aussitôt que la première partie de l'état du montant des rôles est rédigée pour un arrondissement ou seulement pour une partie d'arrondissement dont

---

(1) Pour abréger les explications, on suppose que des numéros ont été imprimés en regard de chaque ligne ou groupe de lignes, de telle sorte que la feuille de tête présente 26 lignes ou groupes.

1 Principal des contributions
2 Centimes additionnels généraux sans affectation spéciale.
3 Fonds de secours', etc.
4 Fonds de non-valeurs sur le principal des contributions.
5 Premier total.
6 Fonds pour dépenses départementales. { Budget ordinaire.
7 Budget extraordinaire.
8 Centimes pour dépenses du cadastre.
9 TOTAL des centimes départementaux.
10 Fonds de non-valeurs sur le montant des impositions départementales.
11 Deuxième total.
Fonds pour dépenses communales { pour..........
pour..........
12 pour..........
13 pour dépenses de chemins vicinaux.
14 pour dépenses de l'instruction primaire.
15 TOTAL des dépenses communales.
16 Fonds de non-valeurs sur le montant des impositions communales.
17 ....
18 Frais de perception des impositions communales totalisées ci-dessus.
19 ....
20 Réimpositions.
21 Troisième total.
22 Montant total des contributions.
23 Frais d'avertissement à raison de 5 centimes par article.
24 Total général du rôle.
25 Proportion de la part revenant { à l'État
26 au département, à la commune, etc.

l'exactitude est constatée par des totaux définitifs ou provisoires, on commence la préparation des feuilles de tête de rôles et on la continue concurremment avec la formation dudit état.

Le cadre dont on doit se servir présente l'indication de l'année pour laquelle le rôle est établi, la date de la loi de finances, le nom du département et celui de l'arrondissement (ces indications sont ordinairement imprimées). On y ajoute à la main celles de la perception et de la commune.

D'après le modèle prescrit (circ. n°s 278, 323 et 466), la feuille dont il s'agit présente six divisions principales, savoir :

1° Le principal, ligne 1re ;

2° Les centimes généraux, ligne 5 (1er total) ;

3° Les centimes départementaux, ligne 11 (2e total);

4° Les centimes communaux, ligne 19 ;

5° Les réimpositions, ligne 20;

6° Le total de chaque contribution, ligne 22.

Ces divisions correspondent aux colonnes de l'état du montant des rôles de la manière suivante :

La 1re division,	ligne 1,	correspond aux colonnes	3, 9 et 15	dudit état
— 2e —	5	— —	4, 10, 16	—
— 3e —	11	— —	5, 11, 17	—
— 4e —	19	— —	6, 12, 18	—
— 5e —	20	— —	7, 13, 19	—
— 6e —	22	— —	8, 14, 20.	—

L'employé chargé de remplir les feuilles opère par contribution, c'est-à-dire qu'il transcrit verticalement pour chacune, dans les colonnes 3, 5 et 7 et sur les lignes 1, 5, 11, 19, 20 et 22, les sommes qui figurent sur l'état du montant des rôles, savoir : Foncière............ colonnes 3 à 8 ;
Personnelle-mobilière, — 9 à 14 ;
Portes et fenêtres..... — 15 à 20.

Et il s'assure immédiatement, par des additions, que cette transcription est exacte; ensuite, il additionne horizontalement dans la colonne 8 de la feuille de tête, les sommes transcrites dont l'exactitude est définitivement constatée par le total obtenu sur la ligne 22.

Lorsqu'il a ainsi disposé un certain nombre de feuilles (celui que nécessite la distribution du travail aux calculateurs des taxes), il reprend ces feuilles, et, avec ou sans le secours des tables de multiplication, selon ce qu'exige le calcul, il subdivise, pour les centimes généraux et départementaux, suivant les indications imprimées dans les colonnes 2, 4 et 6 de la feuille de tête, les sommes principales dont il a été question à l'alinéa précédent, en d'autres termes, il calcule les divers centimes additionnels et remplit ainsi les lignes 2, 3, 4, 6, 7, 8 et 10. L'addition des trois premières doit reproduire le premier total déjà inscrit sur la ligne 5, les trois suivantes sont additionnées sur la ligne 19 et en y ajoutant la ligne 10, on doit retrouver le deuxième total déjà porté sur la ligne 11. On a soin d'intercaler, selon les cas, les sommes imposées sur le Domaine de l'État ou de la Couronne.

Quant aux dépenses communales, on a recours à l'état spécial des impositions (§ 16), dans lequel on trouve tous les détails nécessaires pour la désignation et le montant des différentes sommes qui forment le groupe n° 12, ainsi que les chiffres à inscrire sur les lignes 13, 14, 16 et 18 ; on les vérifie par des additions partielles, lignes 15 et 17, qui doivent définitivement conduire à celles qui ont été établies sur la ligne 19.

En ajoutant à cette ligne les réimpositions, on arrive au troisième total, après avoir, toutefois, inscrit, s'il y a lieu, les mentions relatives au Domaine de l'État ou de la Couronne, comme on l'a fait plus haut pour les dépenses départementales.

On additionne horizontalement toutes les sommes dont on vient d'énoncer le détail et, comme pour l'ensemble, l'exactitude en est assurée par les totaux établis précédemment.

Le surplus et les indications à porter au verso de la feuille de tête regardent le calculateur des taxes, si ce n'est que la Direction doit y indiquer le taux de la cote personnelle et que, l'imprimé étant disposé pour les communes d'une population inférieure à 5,000 âmes, il faut avoir soin de rectifier la taxe légale des portes et fenêtres pour toutes celles d'une population supérieure.

La Récapitulation, le résumé final, et, dans l'arrêté préfectoral, l'énoncé du nom de la commune et du montant du rôle en toutes lettres, rentrent dans le travail de l'expéditionnaire chargé de la seconde partie du rôle (V. page 95).

Contribution des Patentes.

Après les explications qui viennent d'être données sur la manière de remplir la feuille de tête du rôle des trois premières contributions, il y a peu de chose à dire pour celle du rôle des patentes, et il semble que les détails dans lesquels on entrerait ne seraient qu'une sorte de répétition de ceux qui précèdent. Néanmoins, pour venir en aide aux employés peu exercés, on ajoutera quelques mots sur cet objet (1).

Les sommes contenues dans les colonnes 21, 22, 23, 24 et 25 de la première partie de l'état du montant des rôles sont transcrites sur les lignes 1, 4, 9, 17 et 18 de la feuille de tête. Ces divisions principales une fois posées, et après s'être assuré, par une addition, de l'exactitude de leur transcription, il reste à calculer ou à relever les sommes partielles qui doivent composer les trois catégories de centimes additionnels.

Pour les centimes généraux, on détermine sur la ligne 2, le montant de ceux sans affectation spéciale, et sur la ligne 3 on porte le fonds de non-valeurs à 5 p. % du principal, de telle sorte que ces deux lignes produisent le premier total inscrit sur la ligne 4.

Les centimes départementaux forment deux catégories qu'il suffit de calculer en bloc sur les lignes 5 et 6 ; on en fait, sur la ligne 7, un total auquel on

---

(1) On suppose que sur la feuille de tête du rôle des patentes, les lignes ont été numérotée séparément ou par groupe d'une manière analogue à celle du rôle général :

1 Principal.
2 Centimes additionnels sans affectation spéciale.......
3 Fonds de non-valeurs, etc.......
4 Premier total.
5 Fonds pour dépenses départementales. { Budget ordinaire.
6 { Budget extraordinaire.
7 .... *Total* des centimes départementaux.........
8 Fonds de non-valeurs, etc........
9 Deuxième total.
10 Fonds pour dépenses communales { pour .....
{ pour .....
{ ....
11 .... pour dépenses des chemins vicinaux.......
12 .... pour dépenses de l'instruction primaire.......
13 ....
14 Fonds de non-valeurs sur le montant des impositions communales.......
15 ....
16 Frais de perception des impositions communales totalisées ci-dessus.
17 Troisième total.
18 Montant de la contribution des patentes.
19 Frais d'avertissement, etc.......
20 Total général du rôle.
21 Proportion de la part revenant { à l'État.
22 { au département, à la commune, etc.....
23 Produit des 8 centimes, etc.......
24 Nombre de formules de patentes.......
25 Nombre de centimes additionnels.......

ajoute, ligne 8, le fonds de non-valeurs y afférent, de manière à se renfermer dans le chiffre déjà porté, colonne 9 (2me total.)

Les dépenses qui forment le groupe n° 10 sont extraites de l'état des centimes communaux, qui contient :

1° Dans la colonne 13, les diverses indications qu'exige ce groupe;

2° Dans les colonnes 19 et 25, les sommes relatives aux chemins vicinaux et à l'instruction primaire (lignes 11 et 12);

3° Dans les colonnes 35 et 45, le montant du fonds de non-valeurs et des frais de perception (lignes 14 et 16).

On vérifie ces inscriptions par des additions partielles dont le résultat définitif doit produire le troisième total, ligne 17.

Le cadre qui, sur la feuille de tête de la matrice des patentes, a pour titre *Résultats généraux*, offre les moyens de remplir les lignes 19, 20, 21, 24 et 25.

La part de la commune (ligne 22) s'obtient par un calcul dont il sera parlé plus loin (paragraphe 25 : Division des cotes), et enfin les 8 centimes (ligne 23) sont pris dans la colonne 35 de la première partie de l'état du montant des rôles.

§ 22.

Calcul des taxes sur les matrices.

Contributions foncière, personnelle-mobilière et des portes et fenêtres.

La Direction remet au calculateur des taxes, pour chaque commune :

1° La matrice générale ;

2° La feuille de tête du rôle ;

3° Un cadre pour la confection des tarifs (voir page 12).

Le calcul des taxes consiste à déterminer la cotisation de chaque contribuable, d'après les bases contenues dans la matrice générale.

Ce calcul s'effectue à l'aide de tarifs qu'on établit de la manière suivante :

Après avoir inscrit son nom et désigné l'arrondissement, la perception et la commune, le calculateur porte sur la feuille de tarif les résultats définitifs des bases de cotisation énoncées sur la feuille de récapitulation, qu'il a soin de confronter avec la *Balance* placée à la dernière page, savoir :

Pour la foncière, le revenu imposable ;

Pour la personnelle-mobilière, le nombre des individus passibles de la taxe personnelle et le montant des loyers d'habitation ;

Pour les portes et fenêtres, le nombre des différentes catégories d'ouvertures et des maisons de 1 à 5 ;

Il relève ensuite, d'après la feuille de tête du rôle, col. 3, 5 et 7, et lignes 1 et 22, le contingent en principal et le contingent total de la commune pour chacune de ces trois contributions, et il les inscrit dans les colonnes ou cases qui leur sont affectées sur la feuille de tarifs, sur laquelle on note également le montant ou taux de la cote personnelle, et on modifie, s'il y a lieu, le tarif légal des portes et fenêtres.

Cela fait, on procède à la fixation des centimes le franc ou tarifs, en ayant soin d'exécuter d'abord l'opération sur le principal et ensuite sur le contingent total.

Pour la contribution foncière, on divise le contingent par le revenu ; le quotient indique le nombre de centimes et de fractions de centime à appliquer par franc au revenu existant à l'article de chaque contribuable.

Il est de principe, et c'est ici le cas de le rappeler, qu'un centime le franc est suffisamment approximatif, lorsque le nombre des décimales exprimant les fractions de centime, est égal à celui des chiffres dont se compose le revenu ou la valeur locative, sans y comprendre les centimes ; mais, en général, les centimes le franc à quatre ou cinq chiffres au plus, offrent toute la justesse nécessaire.

Ils sont inscrits sur la feuille de tarifs, dans la case qui leur est destinée.

Le tarif du centime le franc calculé sur le contingent total, est dressé dans le cadre préparé à cet effet. On sait que la formation de ce tarif consiste à placer le centime le franc vis-à-vis, et dans la colonne à droite, du chiffre indicateur 1 ; à l'ajouter à lui-même en regard du chiffre 2 ; à l'ajouter au produit de ce chiffre, pour l'indicateur 3 ; en un mot, à l'ajouter successivement au dernier produit pour avoir le suivant, et ainsi de suite jusqu'au chiffre 100, en ayant soin de s'assurer de l'exactitude du calcul à chaque dizaine qui doit reproduire le chiffre correspondant de la première dizaine, avec un zéro de plus à droite.

Pour la contribution personnelle-mobilière, on multiplie le nombre des imposables à la taxe personnelle par le taux de cette taxe, et le produit obtenu est placé au-dessous du contingent en principal et du contingent total, et, après avoir distrait ce produit des deux contingents, on divise chacun des restes à répartir par le montant des loyers d'habitation. Les quotients forment les centimes le franc, le premier, sur le contingent en principal, le second sur le contingent total, et, après les avoir inscrits dans la case indiquée, on dresse avec le dernier, le tarif pour lequel un cadre a été également disposé sur la feuille.

Enfin, pour la contribution des portes et fenêtres, on multiplie le nombre de chaque catégorie d'ouvertures ou de maisons par le tarif suivant la loi, on totalise ces différents produits et on divise par le total obtenu :

1° Le contingent en principal, et on note la proportion qui résulte de cette division ;

2° Le contingent total, et après avoir également noté la proportion produite par cette seconde opération, on applique cette même proportion à chacun des termes du tarif suivant la loi, et on obtient ainsi, le tarif suivant le contingent. Les diverses taxes de ce nouveau tarif sont poussées à trois ou quatre décimales, selon les besoins de la répartition du contingent ; ordinairement, plus de deux décimales ne sont nécessaires que pour les ouvertures des rez-de-chaussée, premier et deuxième étages ; pour les autres, deux décimales suffisent en tenant compte, de la manière ordinaire, de la fraction qui suit les centimes.

Après avoir ajusté les différentes taxes du tarif suivant le contingent, on établit des tables de multiplication selon l'importance du nombre, et la nature des ouvertures à taxer.

Il est sans doute inutile de faire remarquer que les centimes le franc, calculés sur le principal des différentes contributions, ne servent pas à l'établissement des cotes à inscrire dans les rôles ; ils doivent être annotés, pour les contributions foncière et personnelle-mobilière, sur le verso de la feuille de tête des rôles et sont, de même que les taxes des portes et fenêtres en principal, uniquement destinées au service de la Direction.

Lorsque la feuille de tarif est complétement remplie, et qu'on s'est assuré de son exactitude, le calculateur en transcrit les données sur la tête de la matrice générale, dans les cases et sur les lignes des cadres disposés par année, pour chaque contribution ; il applique ensuite les tarifs aux cotes individuelles.

Il existe deux moyens d'opérer cette application : l'un consiste à calculer d'abord les différentes cotes, à les additionner par page et à transporter les totaux des pages sur la récapitulation dont les résultats doivent reproduire, pour chaque contribution, le contingent d'après lequel le centime le franc a été établi.

Il est évident que, dans ce système, il n'est guère possible de reproduire ces contingents à la fin de la récapitulation d'une manière rigoureusement exacte. On peut, sans doute, si on a eu la précaution de vérifier l'application au bas de chaque page, ne trouver que des différences peu sensibles; cependant, comme il ne doit en exister aucune, on est dans la nécessité, pour les faire disparaître, d'augmenter ou de diminuer de quelques centimes un certain nombre d'articles, il faut, en un mot, *faire cadrer*, ce qui n'est pas régulier.

Par le second moyen, on procède de l'ensemble aux détails, c'est-à-dire qu'on applique les tarifs aux totaux des bas de pages sur la récapitulation, on additionne les sommes produites par cette application, et lorsqu'on est parvenu à reproduire exactement le contingent de chaque contribution, on ajoute pour chaque page, les frais d'avertissement dont le montant est justifié par le nombre d'articles multiplié par *cinq* centimes, et on totalise horizontalement les lignes dans la dernière colonne à droite, dont l'addition finale détermine le montant que devra présenter le rôle. Les résultats de chaque ligne sont reportés au bas des pages et dans les colonnes correspondantes de la matrice, et quand ce report est achevé et collationné, on règle les cotes individuelles de telle sorte qu'on obtienne, avec précision, les totaux déjà établis au bas des pages. On comprend que l'opération ainsi exécutée, présente toutes les garanties désirables d'exactitude. Lorsqu'elle est complétement terminée, on transcrit dans le cadre placé à gauche et au bas de la tête de la matrice, sous le titre de *récapitulation générale de la matrice*, le montant des contributions, des frais d'avertissement et enfin le total définitif du rôle. Ces deux derniers chiffres sont reportés sur la tête du rôle, lignes 23 et 24. avec mention sur la première de ces lignes du nombre des articles.

Ce nombre est également inscrit au cadre précité de la matrice, et on indique au-dessous le nombre des cotes de chaque contribution.

Lorsqu'une matrice renferme un article pour le Domaine de l'État ou de la Couronne, on porte à cet article le montant de la cotisation calculée de la manière prescrite par la circulaire n° 129 (voir page 72).

Après avoir répété le montant total du rôle sur la première ligne du cadre placé à droite du précédent et au bas de la tête de la matrice (circ. n°s 293 et 360), il reste à opérer la division de ce total entre l'État, le département, la commune et les dépenses diverses (fonds de non-valeurs, etc.), et enfin, à déterminer, par contribution, la proportion représentative de la part de l'État dans le montant de chacun des trois impôts de répartition. Les calculs à effectuer dans ce double but exigent quelques explications.

Le montant du rôle doit être divisé en quatre parts afférentes

1° Aux dépenses de l'État,

2° — du département,

3° — de la commune,

4° Aux fonds de non valeurs et de secours, aux réimpositions et aux frais d'avertissement.

Ces parts sont déterminées à l'aide de la feuille de tête du rôle et sur les sommes portées dans la 8e colonne.

Celle de l'État se compose du principal, ligne 1, et des centimes généraux sans affectation spéciale, ligne 2.

Celle du département se trouve sur la ligne 9.

Celle de la commune est formée de la réunion des lignes 15 et 18;

La quatrième part, celle des fonds divers, résulte de la réunion des sommes qui figurent sur les lignes 3, 4, 10, 16, 20 et 23.

Ces parts sont inscrites sur les lignes 3, 4, 5 et 6 du cadre précité; elles servent à la rédaction de la première partie du tableau à afficher dans les mairies.

Enfin, on calcule la proportion destinée à indiquer la part de l'État dans chacune des contributions, en opérant toujours avec la feuille de tête, et ainsi qu'il suit :

Contribution foncière : La part de l'État est composée, comme on l'a dit ci-dessus, des lignes 1 et 2 (col. 3) de ladite feuille. (Cette deuxième ligne reste vide depuis 1860, et la part de l'État n'est plus formée que du principal.) On divise cette part par le total de la contribution (ligne 22, col. 3), le quotient est la proportion cherchée.

Contribution personnelle-mobilière : La part de l'État se compose du total des lignes 1 et 2 de la colonne 5, mais cette part comprend le produit des taxes personnelles qui ne supportent pas de centimes additionnels, il faut donc en déduire ce produit, et c'est le reste qui, divisé par le total de la contribution (ligne 22, col. 5), duquel on aura également défalqué le montant des taxes personnelles, donnera la proportion de ce qui revient à l'État sur la contribution *mobilière* (circ. 323).

Contribution des portes et fenêtres. La part de l'État est formée du total des lignes 1 et 2 de la colonne 7; la division de ce total, par celui de la contribution (ligne 22, col. 7) donne la proportion cherchée.

Les trois proportions ainsi obtenues sont inscrites sur les trois dernières lignes du cadre ajouté à la feuille de tête de la matrice en exécution des circulaires déjà citées, n° 293 et 360 (1).

Après toutes les opérations dont il a été parlé plus haut, le calculateur des taxes, complète la feuille de tête du rôle, en y indiquant la proportion de la part revenant à l'État sur la ligne 25, la proportion de la part revenant au département, à la commune, etc., sur la ligne 26. Cette seconde proportion s'obtient en déduisant la première (celle qui précède), du nombre 100. — Il porte aussi au verso de la même feuille, les bases des différents tarifs qui se trouvent soit sur la feuille de ces tarifs, soit sur la feuille de tête de la matrice.

Cela fait, la tâche du calculateur des taxes est accomplie et son travail est rapporté à la Direction, où l'on s'assure qu'il remet toutes les pièces qui lui avaient été confiées.

---

(1) Avant que ces circulaires eussent prescrit de mentionner sur la feuille de tête de la matrice la division du montant du rôle et les fractions représentatives des parts de l'État, il était nécessaire d'en faire l'objet de deux tableaux particuliers; mais, actuellement, la mention faite comme il est dit ci-dessus rend ces tableaux inutiles; il suffit (et on exécute ainsi le double calcul prescrit par la circulaire n° 364) que la Direction vérifie les opérations du calculateur, ce qui se fait au moment même de la rentrée des pièces, et exige bien moins de temps que la formation de deux tableaux fort compliqués, qui, aujourd'hui, constitueraient un travail superflu, puisque les renseignements ajoutés sur la feuille de tête des matrices offrent les moyens d'opérer la division des cotes dans les colonnes 5 et 6 des avertissements et de rédiger le tableau-affiche à envoyer dans les mairies, ainsi qu'il sera dit plus loin.

La circulaire du 26 juin 1854, n° 323, charge le Directeur de faire les calculs nécessaires pour établir la proportion de la part de l'État. Il s'acquitte de cette obligation en vérifiant le travail de l'applicateur des taxes.

Contribution des Patentes.

On a vu (§ 8, p. 29) que le principal de la contribution des patentes était calculé à la Direction, au fur et à mesure de l'arrivée des matrices; en conséquence, les lignes 1, 2, 3, 4, 5 et 6 du cadre imprimé en tête de la matrice sous le titre : *Résultats généraux*, sont remplies ; c'est aussi à la Direction qu'on complète la rédaction de ce cadre. A cet effet, on inscrit sur la ligne 8 le total de la contribution des patentes tiré de la colonne 25 de la première partie de l'état du montant des rôles ; la différence entre ce total et celui du principal total (ligne 6) forme le montant des centimes additionnels de toute nature, qu'on place sur la ligne 7. Le nombre des articles, ligne 1, multiplié par 5 centimes, produit le montant des frais d'avertissement qu'on inscrit sur la ligne 9 ; ces frais réunis au total qui précède sur la ligne 8, complètent le montant du rôle à porter sur la ligne 10.

Pour obtenir le nombre de centimes additionnels, on divise le montant de ces centimes (ligne 7) par le total du principal (ligne 6), et le résultat de cette division est mentionné sur la ligne 11.

A l'aide de la feuille de tête du rôle, on fait immédiatement le partage du montant total du rôle dans le but de déterminer :

1° La part de l'État,

2° Celle du département,

3° Celle de la commune,

4° Enfin, celle qui comprend le fonds de non-valeurs et les frais d'avertissement.

La première se compose : 1° du principal (ligne 1 de la tête du rôle) déduction faite du montant des 8 centimes attribués à la commune (ligne 23); 2° des centimes sans affectation spéciale (ligne 2).

La seconde est indiquée sur la ligne 7 ;

La troisième est formée des sommes inscrites sur les lignes 13 et 16 et du produit des 8 centimes notés sur la ligne 23 ;

On obtient la quatrième, en réunissant les lignes 3, 8, 14 et 19.

Ces différentes parts sont portées aux lignes imprimées pour les recevoir (n°s 13, 14, 15 et 16) sur la tête de la matrice, et elles doivent reproduire le montant total du rôle, ligne 10 de cette tête.

Enfin, on constate sur la ligne qui lui est destinée (la 18e) la proportion indicative de la part de l'État en divisant celle-ci, par le montant de la contribution inscrit sur la ligne 8.

Ces calculs achevés, on transcrit sur la feuille de tête du rôle,

Ligne 19 : le nombre d'articles et le montant des frais d'avertissement; lignes 1 et 9 du cadre des résultats généraux de la matrice des patentes;

Ligne 20 : le total général du rôle, d'après la ligne 10 dudit cadre ;

Ligne 21 : la proportion de la part attribuée à l'État, suivant l'indication établie sur la matrice.

Ligne 22 : la proportion de la part revenant au département, à la commune, etc., qu'on obtient en déduisant la proportion de la part de l'État (ligne 21) du chiffre 100.

Ligne 24 : le nombre des formules de patentes, ligne 5 du cadre précité,

Ligne 25 : Le nombre de centimes additionnels appliqués au principal, ligne 11 de ce même cadre.

La matrice des patentes est alors remise au calculateur des taxes, qui, au moyen des tables de multiplication ou d'un tarif manuscrit (ce qui est rarement nécessaire), applique les centimes additionnels d'abord à la récapitulation de la matrice (colonne 18), et ensuite à chaque cote dans la 22e colonne de l'intérieur, après avoir toutefois complété la récapitulation et reporté les totaux au bas de chaque page. Le calcul des taxes se termine par l'établissement dans la 24e colonne, des totaux formés pour chaque article, des sommes contenues dans les colonnes 21, 22 et 23, avec la précaution d'en assurer l'exactitude par l'addition de la 24e colonne, qui doit toujours reproduire le total déjà inscrit au bas de cette même colonne.

Le calculateur vérifie si la proportion représentative de la part de l'État a été établie avec exactitude ; on lui donne, à cet égard, les indications nécessaires.

On suppose qu'en faisant imprimer les feuilles de tête des matrices de patentes, on a numéroté les lignes des *Résultats généraux* de la manière suivante :

1. Nombre d'articles de la matrice.
2. Nombre de droits fixes ou portions de droits fixes imposés sur des établissements principaux.
3. *Idem* sur des établissements secondaires.
4. Nombre de patentables du tableau D non passibles du droit fixe.
5. Nombre de formules de patentes délivrées.
6. Principal.... { Droit fixe. / Droit proportionnel. } TOTAL.
7. Montant des centimes additionnels de toute nature.
8. Total des droits de patente en principal et centimes additionnels.
9. Frais d'avertissement.
10. Montant du rôle.
11. Nombre de centimes additionnels.
12. Division du montant total du rôle.
13. Pour dépenses de l'État.
14. — du département.
15. — de la commnne.
16. Pour fonds de non-valeurs et frais d'avertissement.
17. TOTAL.
18. Proportion exprimant la part de l'État dans le montant total de la contribution.

§ 23.

Rôles et avertissements. — 2e PARTIE.

Contributions foncière, personnelle-mobilière et des portes et fenêtres.

La seconde partie des rôles et avertissements relatifs aux trois impôts de répartition s'exécute au fur et à mesure que le calcul des taxes est opéré sur les matrices générales.

Elle consiste, pour chaque article, à porter en regard des bases de cotisations déjà inscrites, les différentes cotes y afférentes qu'on réunit par nature de contributions dans la 2e colonne et dont on forme, dans la troisième, un total par article, en y comprenant les cinq centimes pour frais d'avertissement.

On totalise les articles par page dans cette 3e colonne.

Le rôle est disposé de manière que deux pages correspondent à une page de la matrice et ces deux pages sont placées en regard l'une de l'autre (ce qui s'obtient en laissant le premier recto en blanc), afin de faciliter la réunion des deux totaux, qui doit former une somme égale au total de la page de la matrice.

Par cette réunion, que l'on fait à mesure de la transcription des cotes, on s'assure de l'exactitude de la transcription.

Lorsque le report des cotisations est achevé et qu'il a été vérifié successivement de la manière indiquée ci-dessus, on relève les bas de page du rôle sur la feuille de récapitulation, dont le résultat final doit reproduire le total général du rôle établi sur la ligne 24 de la feuille de tête.

Ce total reconnu exact et conforme, le rôle est daté et le nom de la commune ainsi que la somme totale en toutes lettres sont portés dans l'arrêté préfectoral. Enfin, la somme de chaque article est inscrite en toutes lettres.

On passe ensuite à la seconde partie de l'avertissement, qui peut, à volonté, être confiée soit au même expéditionnaire, soit à un autre que le rôle; il est avantageux de ne pas multiplier le mouvement des pièces dont la sortie et la rentrée trop fréquentes accroissent les occupations et entraînent une perte de temps. Il est donc, à ce point de vue, de l'intérêt de la Direction que le même individu soit chargé de la deuxième partie du rôle et des avertissements.

Cette seconde partie pour ces derniers a pour objet d'y porter, comme sur le rôle, les taxes en regard des bases de cotisations. On les établit dans les colonnes 3 et 4 de l'avertissement, on les additionne au bas de cette dernière colonne vis-à-vis le mot *total*. Ce total n'est pas repété en toutes lettres, mais on doit en calculer le douzième dans la case à droite ; ce qui revient à le multiplier par la fraction 0 f. 08,3333 avec laquelle on forme un tarif qui facilite ce calcul.

Les centimes le franc des contributions foncière et mobilière sont inscrits dans la 1re colonne de l'avertissement.

Contribution des Patentes.

L'expédition du rôle des patentes ne se divise pas en deux parties ; on remet au copiste la matrice des patentes, la feuille de tête du rôle et un nombre suffisant de feuilles intercalaires. Il transcrit, d'après les détails qui figurent dans les colonnes 2 à 16 de la matrice, les noms, prénoms, demeures et professions des patentables, et les bases des droits fixes et proportionnels, dans les espaces à ce destinés. Cette transcription doit être faite avec discernement, afin qu'elle présente d'une manière claire et concise tout ce qui concerne les bases de cotisation, particulièrement les indications qui, dans la 4e colonne, déterminent les éléments variables du droit fixe et les établissements secondaires passibles d'un demi-droit. On ne saurait donner à cet égard des règles précises pour tous les cas qui peuvent se produire ; il faut que l'on puisse compter sur l'intelligence de l'expéditionnaire qui veut participer aux travaux de la Direction. On consultera, d'ailleurs, les exemples fictifs imprimés sur les avertissements modèles nos 9 et 10 joints à l'instruction du 31 juillet 1858.

En regard des diversés bases de cotisation, et d'après les détails contenus dans les colonnes 17, 18, 20 de la matrice, on porte les taxes correspondantes des droits fixes et proportionnels que l'on totalise partiellement, suivant l'indication des accolades relatives à chacun de ces droits, et, après y avoir ajouté le chiffre des centimes additionnels, col. 22, on totalise, en y comprenant les frais d'avertissement, le montant définitif de chaque article dans la colonne 2 du rôle. Ce dernier total doit être semblable à celui qui se trouve dans la 24e colonne de la matrice.

Les quatre articles de chaque page sont additionnés et les totaux par page sont relevés sur la récapitulation dont le total doit reproduire le montant du rôle énoncé sur la 20e ligne de la feuille de tête. En cas de différence, on vérifie, en réunissant les totaux de trois pages, qui doivent offrir le même résultat que la page correspondante de la matrice.

Lorsqu'on est parvenu à établir avec la plus rigoureuse exactitude, le résumé final, le rôle est daté, le nom de la commune et le montant du rôle (ce dernier en toutes lettres) sont inscrits dans l'arrêté préfectoral.

L'expéditionnaire achève ensuite son travail en écrivant, à chaque article, le total en toutes lettres. Quand il inscrit un patentable des tableaux B ou C, il biffe le mot *classe*, qui suit celui : Tableau A, si ce mot a été imprimé.

L'expédition de l'Avertissement consiste (voir les modèles n°s 9 et 10 déjà cités), après avoir inscrit le nom de la commune et le numéro d'ordre du rôle, à copier exactement chaque article, tant pour les bases de cotisation que pour les cotisations elles-mêmes et de manière que le total porté au bas de l'avertissement soit exactement conforme à celui de l'article sur le rôle. Ce total ne s'écrit point en toutes lettres; seulement on doit en établir le douzième dans la case ménagée à droite et en regard du *total*. On se sert, pour cela, du tarif de 0 fr. 08,3333, dont il a déjà été question.

Si, par une circonstance extraordinaire, ou, comme il arrive parfois dans quelques grandes villes, le rôle comprenant les patentes ne pouvait être émis qu'après le 1er mars, au lieu du douzième, on énoncerait sur l'avertissement le neuvième ou le huitième, etc.

Le nombre de centimes additionnels au principal des patentes est noté en marge à gauche, dans l'espace réservé à cet effet.

Formules de Patentes.

Les formules de patentes ont été affranchies du timbre, par l'article 12 de la loi du 4 juin 1858. La Direction les expédie immédiatement après la confection des rôles. Ce travail n'étant pas de ceux faits en régie, il est loisible au Directeur de le faire exécuter soit par les employés de ses bureaux, soit par des expéditionnaires externes. Dans ce dernier cas, on peut, afin de diminuer le mouvement des pièces, le confier à la personne déjà chargée de l'expédition du rôle et des avertissements. Les formules sont rédigées sur des feuilles conformes au modèle n° 11 annexé à l'instruction générale du 31 juillet 1858, avec le nom de la commune et le chiffre de la population, c'est une simple copie des colonnes 1, 2 et 3 de la matrice des patentes. Le nom du département, l'indication de l'année et la date de la formule sont ordinairement imprimés; il en est fait pour tous les patentés ayant un droit fixe au rôle, et pour tous ceux qui font partie du tableau D.

Lorsqu'elles sont rédigées, l'expéditionnaire les compte et s'assure qu'elles sont en nombre égal à celui indiqué par le total de la colonne 5 de la récapitulation de la matrice des patentes. En cas de différence, il en recherche la cause ; si elle est l'effet d'une omission de sa part, il la répare, et dans le cas où la récapitulation serait fautive, il aura soin de signaler l'erreur afin qu'on puisse rectifier les nombres inscrits sur la feuille de tête de la matrice, ligne 5 ; sur la feuille de tête du rôle, ligne 24; et enfin dans la deuxième partie de l'état du montant des rôles, colonne 11, si le nombre y est déjà porté. Après en avoir définitivement arrêté le nombre, l'expéditionnaire les enliasse en y joignant une fiche indiquant le nom de la commune et le nombre des formules.

§ 24.

États de situation.

A partir du 15 octobre, jusqu'à l'entier achèvement du travail, le Directeur fait connaître à l'Administration, à l'expiration de chaque quinzaine, le progrès de la confection des rôles généraux et de patentes sur les cadres qui lui sont fournis à cet effet.

§ 25.

Division des cotes (1).

La division des cotes sur les avertissements, opérée en exécution de l'article 15 de la loi du 22 juin 1854 et conformément aux dispositions de la circulaire du 26 du même mois, a pour objet d'indiquer par contribution :

1° La part revenant à l'État ;

---

(1) Si, malgré les mentions que portent aujourd'hui les matrices générales et des patentes relativement au partage du montant du rôle, on jugeait à propos de continuer de rédiger le tableau qui, précédemment, était indispensable pour préparer la division des cotes, on pourrait adopter le modèle suivant :

ÉTAT PRÉPARATOIRE POUR LA DIVISION DES COTES.

1		Communes.	
2	FONCIÈRE.	Montant total de la contribution.	
3		Part de l'État (principal.	
4		Part du département, de la commune, etc., etc.	
5		Proportion de la part	de l'État (diviser la col. 3 par la col. 2).
6			du département, de la comne, etc. (div. la col. 4 par la col. 2).
7	PERSONNelle-MOBILIÈRE	Montant total de la contribution.	
8		Produit des taxes personnelles (à déduire de la col. 7).	
9		Reste.	
10		Part de l'État	Principal et centimes sans affectation spéciale.
11			Même somme que ci-contre, déduction faite du produit des taxes personnelles.
12		Part du département, de la commune, etc.	
13		Proportion de la part	de l'État (diviser la col. 11 par la col. 9).
14			du département, de la comne, etc. (div. la col. 12 par la col. 9).
15	PORTES et FENÊTRES	Montant total de la contribution.	
16		Part de l'État (principal et centimes sans affectation spéciale).	
17		Part du département, de la commune, etc., ou différence entre les col. 15 et 16.	
18		Proportion de la part	de l'État (diviser la col. 16 par la col. 15).
19			du département, de la comne, etc. (div. la col. 17 par la col. 15).
20	PATENTES.	Montant total de la contribution (moins les frais d'avertissement)	
21		Part de l'État	Principal et centimes sans affectation spéciale.
22			Montant des 8 c. par franc du principal (col. 35 de la première partie).
23			Reste revenant à l'État.
24		Part du département, de la commune, etc. (différence entre les col. 20 et 23)	
25		Proportion de la part	de l'État (diviser la col. 23 par la col. 20).
26			du département, de la comne, etc. (div. la col. 24 par la col. 20).

2° La part revenant au département, à la commune, aux fonds de secours, non-valeurs et réimpositions.

Chacune de ces parts est déterminée par l'application d'une proportion (on a indiqué plus haut, p. 88, § 23, par quels calculs on obtient ces proportions).

Celle qui exprime la part de l'État a été inscrite par le calculateur des taxes sur la feuille de tête de la matrice générale (circ. 360), et elle a dû être vérifiée par la Direction.

Celle qui exprime la seconde part (département, commune, etc., etc.) doit, avec la précédente, former le complément exact du chiffre 100.

On applique ces proportions à l'aide des tarifs que l'Administration a envoyés aux Directeurs le 26 juin 1854, ou des tables dressées par M. D'Aiguières, et dont l'Administration a recommandé l'emploi (circ. du 19 octobre 1854). On peut aussi faire usage de celles publiées par M. Dupont. Enfin, à défaut de tous ces tarifs, les Tables d'Oyon pourraient suffire, à condition d'opérer avec deux tarifs (pages 46 et 54, par exemple), et en évitant de procéder par voie de soustraction pour la seconde part.

Chaque contribution a des proportions qui lui sont propres.

« Il est interdit au calculateur de déterminer par voie de soustraction la « portion de cote à inscrire dans les deux dernières colonnes de l'avertisment : « les deux parts respectives doivent être obtenues par l'application directe du « tarif et le calculateur s'assure que le total des deux parts reproduit exacte- « ment le montant de chaque cote. » (Circ. du 26 juin 1854, n° 323, § 11.)

« Lorsque l'avertissement contient plusieurs cotes, les sommes division- « naires (celles des deux dernières colonnes) sont additionnées verticalement, « et les deux totaux partiels doivent reproduire le montant total de l'avertis- « sement. » (*Ibid*, § 12.)

On opère donc de la manière suivante :

1° *Contribution foncière :* Comme on vient de le dire, l'application directe des proportions à chaque cote produit les deux parts respectives ;

2° *Contribution personnelle-mobilière :* La cote personnelle revient en entier à l'État et doit ainsi être reproduite dans l'avant-dernière colonne de l'avertissement, sur la ligne des mots : *cote personnelle ;* au-dessous, et sur la ligne de la *cote mobilière*, par l'application à cette cote des deux proportions relatives à cette contribution, on obtient et on inscrit les deux parts respectives ;

3° *Contribution des portes et fenêtres.* Il suffit d'appliquer les deux proportions au total placé derrière l'accolade qui renferme les différentes taxes de cette contribution.

Les cinq centimes pour frais d'avertissement reviennent en entier à l'État et doivent, par conséquent, être reportés dans la 5e colonne ; ce qui ordinairement est déjà fait à l'impression ;

On additionne, comme le prescrit la circulaire n° 323, les colonnes 5 et 6, et les deux totaux partiels doivent reproduire le total placé au bas de la 4e colonne.

4° *Contribution des patentes.* On applique les proportions au montant de la patente et les deux parts sont inscrites dans les deux dernières colonnes. Les 5 centimes sont imprimés dans la colonne de la part revenant à l'État.

Il n'est pas besoin de dire que, pour les rôles qui comprennent deux contributions, la foncière et les portes et fenêtres, la personnelle-mobilière et les patentes, on opère comme il est expliqué ci-dessus.

En remettant à l'expéditionnaire les avertissements sur lesquels il doit opérer la division des cotes, on a soin d'inscrire sur le carton d'enveloppe dont il a été parlé page 47, les proportions à appliquer, ou d'en joindre la note à la liasse de chaque commune. Cette note reste attachée aux avertissements et n'est enlevée qu'au moment du collationnement. On lui remet aussi une des collections de tarifs que l'Administration a fournies pour l'exécution de ce travail.

Les cotes concernant le Domaine de l'État ou de la Couronne figurent en entier dans la dernière colonne de l'avertissement. Pour éviter d'avoir à retirer des liasses les avertissements de cette espèce, on en adresse un duplicata au Conservateur des forêts, ou à l'Agent du Domaine, avec les explications nécessaires.

§ 26.

Collation.

La collation des rôles prescrite par les circulaires des 25 juin 1828, et 24 septembre 1829, a été maintenue parmi les opérations qui constituent leur confection, lorsqu'il a été décidé (circul. n° 140) que les rôles et les avertissements seraient établis au compte de l'Administration ; mais aucune disposition n'a réglé l'exécution de cette mesure; en sorte qu'on n'est pas parfaitement fixé sur la manière de l'exécuter.

S'agit-il simplement de comparer les rôles et les avertissements avec la matrice, c'est-à-dire de faire l'appel, en suivant les rôles et les avertissements, des énonciations qui y ont été inscrites d'après les matrices ?

Ou bien, la collation doit-elle embrasser, outre l'appel dont on vient de parler, le réadditionnement des totaux de tous les articles, la confrontation des totaux de la récapitulation avec ceux des bas de pages, le réadditionnement de la récapitulation, et enfin la vérification du verso des feuilles de tête des rôles, c'est-à-dire des tarifs et de leur application à plus ou moins d'articles pour s'assurer de l'exactitude des opérations ?

De ces deux systèmes, le premier semble un peu restreint, et le second trop étendu. On comprend, sans qu'il soit nécessaire de les détailler, les inconvénients d'une collation trop restreinte ; mais si on lui donne une trop grande extension, il est fort à craindre qu'on n'arrive pas à terminer les opérations à l'époque prescrite pour la mise en recouvement des rôles, surtout dans les départements où le nombre des articles est très considérable.

Lorsque le calculateur des taxes rapporte son travail à la Direction, on peut s'assurer, par un examen sommaire, qu'il a opéré avec l'exactitude désirable ; cette vérification consiste à s'assurer, à l'aide de la feuille de tarif, s'il a rempli le verso de la feuille de tête du rôle ; en appliquant ensuite les tarifs à quelques cotes, notamment à celles qui présentent des ratures, des surcharges ou des grattages, soit dans la matrice, soit à la récapitulation, on constate si ces calculs ont été régulièrement exécutés. On vérifie aussi le partage qu'il a dû faire du montant du rôle entre l'État, le département, la commune , etc., ainsi que les proportions énonciatives de la part de l'État pour chaque contribution (c'est ainsi que ce travail se trouve fait par deux personnes, cic. ann.).

Le travail de la seconde partie des rôles se vérifiant avec facilité au moment même de son exécution (puisque deux pages du rôle doivent produire les résultats d'une page de la matrice), il ne pourrait renfermer des erreurs que par un manque de bonne volonté de la part des expéditionnaires. Il suffirait, pour savoir à quoi s'en tenir sous ce rapport, de vérifier un rôle ou deux par expéditionnaire, et ceux trouvés en faute, après un premier avertissement, seraient impitoyablement privés de travaux de la Direction.

Il reste donc deux choses à faire pour que la collation remplisse, d'une manière suffisante, le but qui lui est assigné; ces deux choses sont l'appel des énonciations du rôle et des avertissements, et le réadditionnement de la récapitulation du rôle.

Restreinte dans ces limites, l'opération peut s'achever en temps opportun, et elle suffit pour garantir la régularité du travail des expéditionnaires.

Il va sans dire que les collationneurs (il faut admettre l'expression) comparent le total général du rôle ou résumé final avec le total général placé au bas de la feuille de tête, et qu'ils s'assurent de l'exactitude de ce même total, écrit en toutes lettres dans l'arrêté préfectoral.

Quant à l'appel, il doit être fait par un groupe de trois personnes tenant, l'une, la matrice; l'autre, le rôle, et la troisième, l'avertissement. Lorsque les avertissements ont été copiés sur le rôle, il peut suffire de les collationner avec la matrice, sauf à se reporter au rôle, en cas d'erreur, pour reconnaître si elle y existe aussi ; ou bien encore (et dans ces cas, le groupe peut être réduit à deux personnes), quand les avertissements ont été, comme le rôle, expédiés (1re et 2me parties) à l'aide de la matrice, on se borne à les collationner avec le rôle.

Il faut réunir deux ou trois groupes, afin d'accélérer le travail et de stimuler les uns par les autres, en comparant les résultats produits. Les erreurs sont notées très brièvement sur des feuilles imprimées à cet usage et présentant des colonnes pour le nom de la commune, l'article du rôle, la nature des erreurs, et pour le classement des erreurs suivant qu'elles affectent, dans le rôle ou dans l'avertissement, la 1re ou la 2e partie, les sommes en toutes lettres, la division des cotes, le centime le franc, la propreté. Ces feuilles sont remises à la Direction, qui fait appliquer les rectifications par un employé sûr. Dans le but d'économiser le temps, les collationneurs peuvent, s'ils méritent confiance, être autorisés à corriger immédiatement les erreurs qu'ils découvrent; mais ils en tiennent note comme il est dit ci-dessus, afin qu'on puisse en donner connaissance aux expéditionnaires qui les ont commises, leur faire les observations convenables et, au besoin, leur faire subir une retenue qui tourne au profit des collationneurs.

L'appel a lieu de la manière suivante :

La personne qui tient la matrice en lit à haute voix toutes les énonciations (article, nom, prénoms, qualité, demeure, profession, bases de cotisation et cotisations) ; celle qui tient le rôle, après avoir suivi attentivement cette lecture, lit le total de l'article en toutes lettres; enfin celle qui tient l'avertissement suit également cette même lecture, et, par un coup d'œil rapide, s'assure s'il n'existerait pas d'omission pour le nom de la commune, les centimes le franc, les divisions des cotes, les douzièmes, et si tous ces renseignements sont établis sans taches, ni ratures, ni surcharges ou grattages manquant de netteté. En feuilletant le rôle, on examine également s'il présente dans ses diverses parties toute la propreté convenable.

Les collationneurs additionnent les colonnes de la récapitulation et le résumé final, car ce sont principalement les erreurs relevées dans ces parties du travail qui sont de nature à motiver des retenues.

On convient avec eux que si la vérification démontre que la collation a été mal faite, on retiendra tout ou partie de l'indemnité y afférente pour en tenir compte à ceux qui seraient chargés de faire une contre-collation.

Dès le début, il est procédé, sur quelques communes prises au hasard, à une vérification de ce genre.

§ 27.

Émission des Rôles.

Le Directeur certifie l'exactitude des rôles à la suite du résumé final de la récapitulation et les soumet à l'homologation du Préfet.

Le Préfet les rend exécutoires et les renvoie au Directeur.

Les rôles doivent être recouverts d'une feuille de fort papier de couleur, épais et solide, et être bien liés ensemble, lorsqu'ils se composent de plusieurs cahiers (circ. des 29 novembre 1828 et 12 août 1845, nº 96, 28 octobre 1847). La couverture doit porter en titre les noms du département, de l'arrondissement de la perception et de la commune, ainsi que l'indication des contributions que contient le rôle, et de l'année à laquelle il se rapporte (circ. autog. du 28 octobre 1847).

Les avertissements doivent être divisés un par un et non en cahier (circ. du 2 septembre 1841).

L'envoi des rôles généraux et primitifs de patentes doit être fait avant le 1er janvier, pour la généralité des communes; pour les grandes villes, avant l'époque où le premier douzième devient exigible (circul. annuelle du répartement).

Le Directeur transmet les rôles avec les avertissements, et en outre, pour les patentes, avec les formules, au Trésorier-Payeur général pour l'arrondissement chef-lieu, et aux receveurs particuliers pour les autres arrondissements. Ces comptables sont chargés de les remettre aux percepteurs (circul. des 25 et 29 novembre 1828, 31 décembre 1832 et 18 septembre 1836). Il est prudent que le bordereau d'envoi forme un paquet distinct et porte la recommandation d'être réexpédié immédiatement après réception des pièces y mentionnées.

Pour garantir sa responsabilité, le Directeur adresse à chacun des receveurs des finances un état présentant, par perception, le nom des communes de l'arrondissement et disposé de manière à recevoir l'indication du jour où le rôle parvient à la recette, ainsi que l'émargement des percepteurs. L'État est renvoyé au Directeur par les receveurs, aussitôt que tous les rôles ont été remis à leurs subordonnés (circul. du 29 novembre 1828).

Le percepteur, dès que les rôles lui ont été remis, les présente au maire pour les faire publier dans la forme prescrite par la loi du 4 messidor an VII (circ. du 31 août 1844, n° 47). Le maire certifie sur le rôle même que cette formalité a été remplie et en indique la date.

Le percepteur inscrit cette date sur les avertissements ; il dresse, en outre, un état où elle est indiquée pour chaque commune, et le transmet au Directeur par l'intermédiaire du receveur des finances. Si les récépissés et certificats de publication tardaient de parvenir à la Direction, celle-ci les réclamerait à la Trésorerie générale.

Le Directeur prend note des dates de publication et en donne avis aux Sous-Préfets et au Préfet chacun pour leur l'arrondissement respectif, qui connaissent ainsi le délai dans lequel les demandes en décharge ou réduction sont admissibles (loi du 4 août 1844, circul. des 31 août 1844, n° 47 et 7 avril 1846, n° 116).

Les diverses formalités relatives à la mise en recouvrement des rôles et à la présentation des réclamations en matière de contributions directes sont rappelées, chaque année, dans un arrêté préfectoral.

§ 28.

Dépenses et comptabilité.

Par suite des dispositions de la loi du 3 juillet 1846, qui ont modifié la position des Directeurs sous le rapport du traitement fixe, il a été décidé qu'à partir de 1847, la confection des rôles généraux, des rôles primitifs et supplémentaires de patentes, des rôles spéciaux pour biens devenus imposables et enfin, des rôles pour cotisations omises, ainsi que celle des avertissements relatifs à ces rôles, serait faite au compte de l'État. En conséquence, une décision ministérielle du 22 octobre 1847 a classé le service de la confection des rôles dans la nomenclature des services régis par économie (circ. 30 décembre 1847, n° 164).

Les Directeurs en sont les ordonnateurs secondaires.

Les premiers commis en sont les comptables sous le titre d'agents spéciaux du service de la confection des rôles.

Les premiers mandatent les dépenses, les seconds touchent les fonds à la caisse des Trésoriers-Payeurs, en donnent récépissé, vérifient les décomptes des expéditionnaires, forment en double expédition un bordereau (modèle C) des paiements effectués, le remettent au Trésorier-Payeur avec les pièces justificatives de l'emploi des fonds mandatés, et retirent l'un des doubles revêtu de la déclaration de réception du payeur (art. 166 et 170 du règlement du 26 janvier 1846).

Les fonds mandatés et non employés dans le délai d'un mois, sont reversés à la Trésorerie générale (art. 171) et le récépissé de ces fonds est compris dans les pièces de dépenses remises au payeur.

Les demandes de crédit sont faites par les directeurs sur un état modèle A ; les expéditionnaires qui désirent recevoir des à-comptes remettent au premier commis un décompte modèle B. Les à-comptes ne peuvent excéder les trois quarts des droits constatés, sauf pour les individus qui changent de résidence avant l'achèvement du travail ; dans ce cas, ils peuvent toucher immédiatement la totalité des rétributions qui leur sont acquises.

Lorsque la confection des rôles est terminée, il est fait une demande de crédit définitif sur un cadre modèle D, modifié par la circulaire du 9 novembre 1850, et en dernier lieu, par celle du 26 juin 1854, n° 323.

On envoie en même temps le mémoire de l'imprimeur sur papier timbré, avec un décompte (modèle E), un relevé (modèle F) des cadres restés sans emploi, un spécimen de chacun de ceux qui ont été employés, enfin la liste nominative des confectionnaires (modèle joint à la circulaire n° 323.)

Les décomptes, soit provisoires (modèle B), soit définitifs (modèle B *bis*) des travaux exécutés par les expéditionnaires, et la demande du crédit complémentaire (modèle D), sont réglés d'aprés un tarif fixé par l'Administration pour chaque département et suivant la nomenclature indiquée dans le modèle, en divisant toutefois, et seulement sur les décomptes B et B *bis*, l'expédition des rôles et des avertissements en deux parties, quoique le tarif de l'Administration indique la rétribution en bloc.

En vue d'abréger les écritures, il est utile de faire imprimer sur les cadres des modèles B et B *bis*, toutes les indications des colonnes 1 et 3 (*Voir* le spécimen qui termine ce paragraphe).

Il est alloué au Directeur, pour la confection de l'état du montant des rôles, des feuilles de tête, du tableau-affiche envoyé dans les mairies et pour les calculs préparatoires relatifs à la division des cotes, une indemnité de 1 fr. 50 c. par commune (circ. n° 323); cette indemnité n'est pas comprise dans l'état D.

Il est aussi alloué au premier commis, pour sa surveillance du travail des rôles, une indemnité qui varie de 250 fr. à 400 fr., suivant l'importance des départements (à Paris, 600 fr.).

Le décompte de l'imprimeur est réglé d'après les prix indiqués dans des notes ou circulaires autographiées des 6 mars 1847 et 26 juillet 1848, et dans les limites déterminées par les *minimum* et *maximum* ci-après, savoir :

Pour les feuilles de tête des rôles de 36 à 46 francs le mille;

Pour les feuilles intercalaires de... 34 à 38 francs le mille;

Pour les avertissements, de .... 3 75 à 4 fr. 50 c. le mille. Ce dernier prix est admis également par la circulaire n° 323.

Pour les couvertures des rôles, 8 centimes par feuille (circ. autog. du 28 octobre 1847).

Frais de transport compris, pour tous ces imprimés.

Il ne doit être admis que des papiers de bonne qualité (circ. autog. du 1er août 1849).

Le tarif des prix alloués par l'Administration pour la confection des rôles et des avertissements doit être constamment affiché dans les bureaux des Directions; il faut que les expéditionnaires (circ. autog. des 27 février 1847 et 14 novembre 1849) puissent, à tout instant, prendre copie de ce tarif et s'assurer que les indemnités accordées par l'Administration leur seront payées intégralement (1).

Tous marchés ou sous-traités pour la confection des rôles et des avertissements sont formellement interdits (même circ.).

En affichant le tarif dans les bureaux, il est bon de faire connaître aux confectionnaires l'étendue et les limites de chaque opération, les obligations qu'ils ont à remplir, l'exactitude qu'ils doivent y apporter, et la pénalité à laquelle ils s'exposent en commettant sciemment des erreurs, notamment dans les calculs qui offrent fréquemment des moyens faciles de vérification. On se reporte aux paragraphes ci-dessus qui traitent de ces différents objets et on donne aux expéditionnaires toutes les explications dont ils peuvent avoir besoin Lorsqu'on remarque des erreurs dans leurs travaux, on les leur fait connaître et on leur adresse les recommandations nécessaires. En cas de récidive, on cesse de les employer.

Le tarif à afficher dans les bureaux pourrait être disposé de la manière suivante :

---

(1) En fixant le prix de l'indemnité afférente au calcul des taxes, par cent articles de rôles, l'Administration laisse aux directeurs la faculté d'en distribuer le produit d'après le nombre des cotes. Cette base est plus équitable que de rétribuer l'application des tarifs d'après le nombre des articles de rôles, puisqu'on y tient compte du plus ou moins de travail exécuté. Il est évident que la tarification pour les villes et les communes populeuses, où la généralité des articles comprend deux ou trois contributions, est plus longue, et exige des calculs plus multipliés que pour les communes rurales, où le plus grand nombre des articles ne se compose que d'une ou, au plus, deux cotisations. Il est donc juste de rétribuer chacun en raison du travail qu'il exécute, et on ne peut y parvenir qu'en déterminant l'indemnité selon le nombre des cotes, après en avoir établi le montant par l'application du taux fixé par l'Administration au nombre total des articles de rôles (nombre d'avertissements). C'est aussi un moyen de constater plus exactement le nombre des cotes foncière, mobilière, des portes et fenêtres.

L'observation ci-dessus est tout à fait applicable à la division des cotes sur les avertissements des rôles généraux.

	DÉSIGNATION DES RÔLES.		indemnités	DÉTAIL DE CHAQUE PARTIE DU TRAVAIL.	RECOMMANDATIONS.
Rôles généraux et rôles des contributions foncière et des portes et fenêtres.	Rôles	1re partie		Transcription, sans abréviation et sans emploi du mot *idem*, des noms, prénoms, demeures et professions des contribuables, et des bases de cotisation, numérotage des pages du rôle.	Écriture correcte et régulière; le nom principal écrit un peu plus gros que les autres indications; le tout établi avec soin.
		2e partie		Report des taxes sur le rôle en regard des bases de cotisation, addition des articles et des pages, récapitulation, résumé final, sommes en toutes lettres.	Aucun des moyens de vérification ne doit être négligé. Une erreur indiquerait un manque de conscience et serait punie d'une retenue au profit de l'expéditionnaire chargé d'opérer la rectification. En cas de récidive, interdiction de participer aux travaux de la Direction.
	Avertissements	1re partie		Inscription du nom de l'arrondissement, s'il n'est pas imprimé, et de celui de la commune. — Transcription, sans abréviation, des noms, prénoms, demeures et professions des contribuables et des bases de cotisation d'après le rôle, — numéro tage des articles.	Maintenir les avertissements dans l'ordre des numéros, y donner le même soin et la même exactitude qu'au rôle.
		2e partie		Report des taxes en regard des bases de cotisation, addition de chaque avertissement pour s'assurer qu'il reproduit le total de l'article du rôle. Calcul du 12e, inscription des centimes le franc de la foncière et de la mobilière.	Même observation que ci-dessus pour la 2e partie du rôle.
	Calcul des taxes.....			Établissement des feuilles de tarifs, remplissage de la feuille de tête de la matrice générale, application des tarifs sur la récapitulation, report des totaux de cette récapitulation aux bas des pages de la matrice et application des tarifs aux bases de cotisations individuelles,— Relevé du nombre des cotes des différentes contributions, calcul du partage du montant du rôle entre l'État, le département, la commune, etc. et de la proportion représentative de la part de l'État, complétement du premier feuillet (recto et verso) de la feuille de tête du rôle.	Les moyens de vérification sont nombreux et faciles à employer, si on les néglige et qu'on commette des erreurs, c'est une preuve d'un manque de bonne volonté et de conscience. Une première fois, une retenue sera opérée au profit de ceux qui corrigeront les erreurs; en cas de récidive, on cessera de prendre part aux travaux de la Direction.
Rôles des patentes.	Calcul des taxes....			Application des centimes additionnels et établissement des totaux, récapitulation, etc.	Y apporter la plus rigoureuse exactitude.
	Expédition des rôles.			Transcription complète du rôle, première et deuxième parties d'après la matrice des patentes.	Idem.
	Expédition des avertissements.......			Première et deuxième parties, transcription complète de chaque article du rôle.	Idem.
Rôles des contributions plle mobilière et des patentes.	Calcul des taxes.	pat.		Application des centimes additionnels et établissement des totaux.	Voir ci-dessus aux rôles généraux.
		mob		Calcul des taxes, récapitulation, etc.	Idem.
	Expédition...	rôles.		Transcription complète du rôle, première et deuxième parties.	Voir ci-dessus aux avertissements des rôles généraux.
		avert		Première et deuxième parties, transcription complète de chaque article du rôle.	Idem.
	Division des cotes sur les avertissements.			Application des proportions représentatives de la part de l'État et de la part du département, de la commune, etc.	Appliquer constamment l'une et l'autre proportion, et ne pas procéder par voie de soustraction.
	Collation............			Appel des rôles et des avertissements avec la matrice, réaddition des récapitulations, note des erreurs commises.	Cette vérification exige l'attention la plus soutenue, les soins les plus consciencieux, afin de faire disparaître toutes les irrégularités qui peuvent exister dans le travail des expéditionnaires.

MINISTÈRE DES FINANCES. Circulaire du 30 décembre 1847, n° 165. Modèle B bis.

ADMINISTRATION des CONTRIBUTIONS DIRECTES

Département de

(N° D'ORDRE)

CONFECTION DES ROLES ET AVERTISSEMENTS DE 186 .

Décompte des Travaux effectués par M
du *au* *inclusivement,*
et de la Dépense résultant du Service fait.

NATURE DES TRAVAUX EFFECTUÉS.			NOMBRE d'articles	Prix par 100 articles.	DÉPENSE résultant du service fait.	OBSERVATIONS.
1			2	3	4	5
Rôles des Contributions foncière, pers^lle-mobilière et des portes et fenêtres.	Calcul des taxes					
	Expédition des rôles	1re partie				
		2e —				
	Expédition des avertissements.	1re partie				
		2e —				
		Division des cotes				
	Collation					
Rôles des Patentes.	Calcul des centimes additionnels					
	Expédition des rôles					
	Expédition des avertissements.	1re et 2e partie				
		Division des cotes				
	Collation					
Rôles des Contributions foncière et des portes et fenêtres.	Calcul des taxes					
	Expédition des rôles	1re partie				
		2e —				
	Expédition des avertissements.	1re partie				
		2e —				
		Division des cotes				
	Collation					
Rôles des Contributions pers^lle-mobilière et des patentes.	Calcul des centimes additionnels des patentes					
	Calcul des taxes personnelles-mobilières					
	Expédition des rôles	1re partie				
		2e —				
	Expédition des avertissements.	1re partie				
		2e —				
		Division des cotes				
	Collation					
			TOTAL....			Dans ce dernier décompte l'expéditionnaire résumera, par nature, la totalité des travaux qu'il a exécutés depuis l'ouverture jusqu'à l'achèvement de la confection des rôles.
Reçu à compte sur le prix des travaux, savoir :						
			Reste à payer pour solde...........			

Reçu pour solde du prix des travaux portés au présent décompte la somme de

dont quittance.

A *le* *186* .

Certifié conforme aux écritures :

A *le* *186* .

Le Directeur des contributions directes,

§ 29.

Tableau présentant le total des rôles généraux avec la distinction des sommes imposées pour l'État, pour le département, pour les communes et pour les fonds de secours, Non-Valeurs, etc.

La circulaire du 21 septembre 1850, n° 236, a statué qu'il serait remis au Préfet, pour être publiée par la voie du *Recueil des actes administratifs*, une note, dont elle a donné le modèle, et qui a pour objet d'indiquer le montant total des rôles généraux et des patentes avec la distinction des sommes imposées pour l'État, pour le département et pour les communes.

Il faut, en conséquence, diviser ce montant en quatre parts :

Cette division se fait à l'aide du tableau de *Développement* qui termine la 1re partie de l'État du montant des rôles, et des énonciations de la 35e colonne de ce tableau.

1e Part : Les dépenses de l'État se composent du principal, ligne 1re, col. 35, auquel on ajoute le produit des centimes généraux sans affectation spéciale, et dont on retranche le montant total des 8 centimes par franc attribués aux communes sur le principal des patentes, colonne 9, du décompte des centimes communaux, qui précède le *Développement*.

2e Part : Le chiffre des dépenses du département se trouve sur la ligne 16 du développement (col. 35).

3e Part : Le montant des dépenses des communes se forme du total de la ligne 24 (col. 35) auquel on ajoute les frais de perception, ligne 27, et le produit des 8 centimes dont il a été parlé ci-dessus (1re part) col. 9, du décompte précité.)

4e Part : Les dépenses pour fonds de secours, non-valeurs, réimpositions et frais d'avertissement résultent de la réunion des totaux (col. 35), portés aux lignes 3, 4, 17, 25, 29 et du montant des frais d'avertissement placé au-dessous du total de la ligne 31.

Le total des quatre parts doit reproduire le total général des rôles, qui termine le développement ou le résumé final.

Le tableau est adréssé au préfet lorsque l'état du montant des rôles est définitivement arrêté.

La même circulaire du 21 septembre 1850, n° 236 et celles nos 256 et 323, ont également prescrit aux directeurs d'adresser aux maires, pour chaque commune, un tableau analogue et indiquant, de plus, le détail et l'affectation des sommes composant la part de la commune.

On a déjà fait remarquer, p. 92, qu'avant que la circulaire n° 293 et l'instruction du 31 juillet 1858, eussent prescrit d'établir sur les matrices générales et des patentes, le partage du montant des rôles entre l'État, le département, la commune et les fonds de secours, non-valeurs etc., il fallait rédiger un état particulier dans le but d'opérer ce partage; mais aujourd'hui la formation de cet état ne ferait qu'accroître les charges de la Direction sans utilité réelle. Il suffit de relever, sur le cadre du tableau-affiche disposé à cet effet, les divisions établies au bas du recto des feuilles de tête des matrices précitées. Le travail se trouve ainsi simplifié et peut facilement être exécuté par l'un des commis ordinaires de la Direction. Il est, sans doute, superflu d'ajouter que le détail des impositions communales est pris dans l'état spécial décrit au § 16 Après avoir transcrit les différentes sommes et même les totaux, on a soin d'additionner afin de s'assurer de l'exactitude de la transcription, et d'éviter un collationnement qui ne la garantirait qu'imparfaitement.

Le tableau dont il s'agit est adressé aux maires aussitôt après l'émission des rôles (circ. n° 236).

2me SECTION

RÔLES SUPPLÉMENTAIRES ET RÔLES SPÉCIAUX.

§. 30.

Rôles des impositions départementales et communales supportées par les propriétés de l'État

Depuis que la circulaire du 22 septembre 1837 a indiqué la marche à suivre pour comprendre dans les rôles ordinaires et dans les états du montant de ces rôles, les taxes établies sur les biens de l'État, il est très rare que l'on ait à rédiger des rôles particuliers pour cet objet. Ce fait ne pourrait guère se produire que par suite d'une omission commise dans le rôle général, car on ne voit pas qu'actuellement il soit possible d'avoir à former des rôles de l'espèce, pour des impositions départementales ou communales. Au reste, le cas échéant, on procèderait comme il est indiqué ci-après :

Les lois du 21 mai 1836 (art. 13) et du 12 juillet 1865 (art. 3) veulent que les biens de l'État, *productifs de revenus*, contribuent, dans la même proportion que les propriétés privées, aux dépenses des chemins vicinaux et des chemins de fer d'intérêt local. D'un autre côté, les lois des 18 juillet 1866 (art. 6) et du 24 juillet 1867 (art. 4) ont statué que les biens dont il s'agit doivent acquitter les centimes additionnels ordinaires et extraordinaires affectés aux dépenses des départements et des communes, mais seulement dans la proportion de la moitié de leur valeur imposable.

Pour l'exécution de ces dispositions, on a dû, comme il a été dit plus haut, procéder (si cela n'a été fait lors du cadastre) au classement et à l'évaluation desdits biens ; dès lors, le revenu imposable étant établi, on obtient la cotisation foncière en appliquant à ce revenu le centime le franc du contingent en principal, et c'est sur l'impôt ainsi constaté, ou sur la moitié seulement, que, suivant la nature des centimes à imposer, on détermine le montant des impositions départementales ou communales que doivent supporter ces biens.

On les inscrit dans un tableau ou cadre n° 1, ayant pour titre : *Rôles spéciaux des impositions supportées par les biens (bois) de l'État*. Dans ce tableau, qu'à défaut d'imprimé on peut dresser à la main, outre trois premières colonnes pour l'indication des perceptions, des communes et du principal *fictif*, et une dernière pour le nombre d'articles, on ouvre des colonnes correspondantes aux lignes de l'avis d'émission, modèle n° 1 de la circulaire n° 466.

On détermine le montant des différentes sortes de centimes à imposer, en prenant garde que ceux concernant le service vicinal sont établis sur la totalité du principal fictif, tandis que tous les autres (lignes marquées d'un astérisque) sont calculés sur la moitié seulement de ce principal.

L'État du montant étant ainsi rédigé, on passe à la confection, pour laquelle on se sert d'un cadre conforme à celui du rôle général (feuille de tête et intercalaire). Quant aux Avertissements, on peut également employer la formule accoutumée. Il suffit de porter sur ces imprimés les annotations que nécessite l'usage auquel on les applique.

Il serait superflu d'entrer à cet égard dans de plus grands détails; les explications qui précèdent doivent suffire pour ce travail qui reste, dans la plupart des départements, à l'état de théorie.

On suit, d'ailleurs, pour la mise en recouvrement des rôles, pour les copies de l'état de leur montant et pour la transmission de ces pièces aux receveurs des finances et à la Préfecture, la marche ordinaire. On adresse à l'Administration, immédiatement après l'envoi fait au Trésorier général, un avis d'émission (modèle n° 1 de la circ. n° 466) ; une expédition de l'état du montant est comprise dans le tableau général des rôles spéciaux du trimestre.

Les rôles du genre de ceux dont il est ici question sont établis au compte du Directeur qui reçoit, à cet effet, une indemnité de 3 centimes par article, et de 3 centimes par avertissement. Ils sont, du reste, tellement rares et se composent de si peu d'articles qu'on ne saurait avoir recours, pour leur rédaction, à des expéditionnaires externes ; on les établit dans les bureaux mêmes de la Direction.

§. 31.

Rôles additionnels à la contribution foncière pour biens sortis du domaine de l'État.

Toutes les fois que des biens sont restitués ou vendus par l'État, ou que des terrains constituent une matière imposable nouvelle, les répartiteurs, assistés du contrôleur, établissent une matrice particulière dans laquelle les biens sont classés et évalués dans la même proportion que les autres propriétés de la commune (loi du 23 septembre 1814) (1).

On peut se servir, pour cette matrice, d'un cadre de matrice cadastrale, ou d'états de sections.

Dans le cas où les terrains à imposer ne sont pas figurés sur le plan, le contrôleur en fait un croquis visuel qu'il joint à ladite matrice et pour lequel il se conforme aux prescriptions de la circulaire n° 345, modificatives de l'article 59 de l'instruction du 18 décembre 1853.

A la réception des pièces, le Directeur calcule le revenu imposable des parcelles suivant le classement adopté par les répartiteurs et le tarif des évaluations cadastrales. Il détermine ainsi les bases de cotisation et les soumet à

(1) Les propriétés pour lesquelles on doit établir des rôles spéciaux (et il y a lieu de le faire toutes les fois que l'impôt afférent à la matière imposable nouvelle aura une certaine importance) proviennent généralement d'alluvions sur les bords des fleuves, des rivières, de la mer, ou de routes supprimées.

Elles peuvent encore provenir de cessions faites par le domaine de l'État ou par celui de la Couronne.

Dans le premier cas, les biens ne supportent encore aucune charge ; il s'agit donc de les soumettre à l'impôt, comme les autres propriétés, tant en principal qu'en centimes additionnels de toute nature.

Dans le second cas, si les biens qui deviennent des propriétés particulières, sont déjà assujettis au paiement de certains centimes additionnels départementaux ou communaux, on ne peut, au moment où ils entrent dans le domaine privé, leur imposer que les charges qu'ils ne supportent pas encore ; c'est-à-dire qu'il convient de tenir compte, en établissant le rôle spécial, des sommes pour lesquelles ils figurent au rôle ordinaire. Autrement on commettrait un double emploi.

l'approbation du Préfet. (circ. des 12 et 15 septembre 1836). Appliquant ensuite le centime le franc en principal et tenant compte de l'époque à laquelle les biens sont devenus imposables, il détermine la cotisation en principal à leur assigner.

Ce principal est inscrit dans la 3e colonne de l'état (modèle n° 2) du montant des rôles additionnels (circ. n° 466).

Il doit subir, à l'exception des réimpositions et des frais d'expertises, les mêmes centimes additionnels que les autres propriétés (circ. du 6 juin 1834). En conséquence, on y applique dans la même proportion que sur le montant des rôles généraux, les centimes pour secours, dégrèvements et non-valeurs, colonne 4; les centimes départementaux, colonne 5; le nombre total des centimes communaux, colonne 6, sans y comprendre, comme on vient de le dire, ni les frais d'experts, ni les réimpositions. On inscrit les frais d'avertissements dans la colonne 7, et enfin, dans la colonne 8, le total de la contribution que doivent supporter les propriétés nouvellement acquises à la matière imposable.

Il ne reste plus à remplir que les colonnes 9 à 14 qui contiennent le développement du produit des centimes agglomérés dans la 6e colonne.

Voici, pour former cette agglomération, la marche à suivre :

La 47e colonne de l'état des impositions communales qui a servi à la formation du montant des rôles ordinaires présente le total des centimes communaux de toute nature portant sur la contribution foncière; on en déduit, s'il en existe, les frais d'experts, et le reste forme le montant des dépenses communales; afin de déterminer le nombre de centimes qu'il a fallu ajouter au principal de ladite contribution pour produire ce montant, on le divise par le principal (col. 3 du montant des rôles généraux); la proportion résultant de cette division constate en bloc le nombre de centimes à appliquer au principal des biens devenus imposables pour remplir la colonne 6 de l'état dont nous nous occupons. Cette colonne remplie, il s'agit d'en décomposer le chiffre par nature de dépense, et c'est l'objet des colonnes précitées 9 à 14.

Dans la 9e colonne de l'état n° 2, on calcule les centimes pour dépenses ordinaires (5 centimes).

Dans la 10e, les dépenses extraordinaires que l'on obtient par la réunion des divers centimes afférents aux impositions établies en vertu de décrets ou d'arrêtés et indiqués dans la 9e colonne de l'état des impositions communales.

Dans la 11e, le nombre de centimes affectés aux chemins vicinaux, d'après la 15e colonne de l'état des impositions communales.

Dans la 12e, le nombre de centimes affectés à l'instruction primaire d'après la 21e colonne dudit état.

On réunit les sommes portées dans les colonnes 9, 10, 11 et 12 et sur le total on calcule le fonds de non-valeurs, puis, en ajoutant ce fonds au total qui le précède, on a le montant sur lequel on détermine les frais de perception ; en additionnant ensuite les colonnes 9 à 14, on obtient une somme égale à celle déjà inscrite dans la colonne 6.

On remplit alors la feuille de tête du rôle pour laquelle on emploie le même cadre que pour les rôles ordinaires, avec une annotation qui désigne les biens imposés.

Le principal se porte sur la première ligne ;

La somme de la colonne 4 sur la ligne 5, 1er total ;

— — 5 — 11, 2e total ;

— — 6 — 19, qu'on répète sur la ligne 21, 3e total.

Les frais d'avertissement, colonne 7, sur la ligne 23.

Et enfin, le total de la colonne 8 sur la ligne 24.

Reprenant ensuite les détails dans chaque total, on remplit les lignes ou les groupes intermédiaires, soit d'après le nombre de centimes indiqués dans la colonne 2 de la feuille de tête du rôle, soit d'après ceux portés dans les colonnes 9, 15 et 21 de l'état des dépenses communales.

On fixe ensuite les proportions indicatives de la part de l'État et de celle du département, de la commune etc., de la même manière que sur le rôle général, et enfin, on porte au verso, le revenu imposable et les centimes le franc de la contribution foncière. On place dans la feuille de tête du rôle une feuille initiale au verso de laquelle on inscrit les articles imposés, lesquels sont additionnés et récapitulés de la manière accoutumée.

Les avertissements sont rédigés sur des cadres ordinaires, avec la même annotation que sur le rôle pour désigner les biens imposés.

On suit, pour la mise en recouvrement de ces rôles, les formalités rappelées au paragraphe précédent, avec cette différence que l'avis d'émission à adresser à l'Administration est établi sur un imprimé conforme au modèle n° 2 (circ. n° 466). Au verso de cet état, on mentionne, dans un tableau spécial, quelques renseignements propres à faire connaître à l'Administration si la contribution foncière assignée aux biens devenus imposables a été régulièrement établie. La nature de ces renseignements est suffisamment expliquée par le titre des colonnes du tableau.

Les rôles dont il s'agit sont établis au compte de l'État, et sont, en conséquence, soumis aux règles de la comptabilité administrative qui a été mentionnée au sujet des rôles généraux.

§. 32.

Rôles spéciaux d'impositions communales.

Les instructions (circ. des 28 février et 29 octobre 1834) veulent qu'on comprenne, autant que possible, toutes les impositions communales dans les rôles ordinaires, et qu'on n'ait recours à la voie des rôles spéciaux que lorque les actes d'autorisation de ces impositions arrivent tardivement et seulement dans le cas où le recouvrement ne peut en être ajourné. Il faut aussi (circ. des 7 et 8 février 1838) ne faire qu'un seul rôle par commune, pour toutes les impositions. qui n'auraient pu entrer dans le rôle général et dans le rôle primitif des patentes.

Le tableau joint à l'état du montant des rôles (circ. 31 août 1838) et qui a pour objet de désigner les impositions qui n'ont pu y être comprises, indique tout d'abord les communes pour lesquelles il peut être nécessaire de rédiger des rôles spéciaux. Toutefois, avant d'y procéder, on consulte la Préfecture qui indique au directeur ce qu'il y a lieu de faire. Il doit en être de même à chaque notification d'imposition locale, dont le recouvrement est annoncé comme devant commencer dans l'année courante. Lorsqu'il a été décidé qu'il doit être établi des rôles de l'espèce, la Direction ouvre un tableau spécial dans la forme du modèle ci-annexé (1), qui contient tous les éléments nécessaires pour la formation de ces rôles et des états destinés à en présenter, selon les cas, le montant succinct ou détaillé.

Ces rôles doivent comprendre avec les impositions à recouvrer :

1° Les fonds de non-valeurs, aux taux fixés pour les contributions ordinaires (loi du 8 juillet 1852, art. 14) ; (état B annexé à la loi de finances de chaque année).

2° 3 centimes par article pour frais de confection (circ. du 8 février 1838) ;

3° Les frais de perception, à raison de 3 centimes par franc (loi du 20 juillet 1837, art. 5) ;

4° Les réimpositions résultant de dégrèvements accordés sur une imposition du même genre, qui aurait été recouvrée l'année précédente au moyen d'un rôle spécial (ce qui peut avoir lieu, lorsqu'il s'agit d'une imposition ne portant que sur une section de commune) ;

---

(1) Voir à la fin de ce paragraphe.

5° 5 centimes de frais d'avertissement pour les cotes de 1 fr. et au-dessus.

Il est à remarquer, en outre,

a Que les impositions extraordinaires sont calculées, non plus sur la matière imposable, mais d'après les cotisations qui en résultent;

b Qu'une imposition de ce genre peut s'étendre sur la commune entière, ou n'être que sectionnaire (*Voir* page 20);

c Que, s'il s'agit des frais et dommages-intérêts résultant d'une condamnation, la partie qui a obtenu gain de cause contre la commune n'est point passible de l'imposition que peut nécessiter l'issue du procès.

Il faut aussi ne pas perdre de vue que les taxes personnelles ne participent pas aux centimes additionnels.

Ces préliminaires établis, il devient facile de dresser le tableau spécial des impositions communales extraordinaires. A la réception des notifications de la préfecture, on inscrit :

Dans la 1re colonne, les noms des communes;

Dans les 2e, 3e, 4e et 5e, le principal qui figure aux colonnes 3, 9, 15 et 21 de la 1re partie de l'état du montant des rôles généraux; on le totalise dans la 6e.

Dans les 7e, 9e et 10e, le total de chaque contribution, d'après l'état du montant des rôles généraux, colonnes 8, 20 et 25, 1re partie, et, pour la contribution mobilière, colonne 8, le montant des cotes inscrites dans la colonne 13 de la 2e partie; les colonnes 7, 8, 9 et 10, sont totalisées dans la 11e.

Si, à l'époque où le rôle d'imposition locale est dressé, il a été fait des rôles supplémentaires, on a soin d'en tenir compte, en ajoutant le montant de ces derniers, en principal et en total, à celui des rôles primitifs, colonnes 5 et 10.

On établit alors la 1re partie du rôle, ce qui consiste à transcrire, dans la 5e colonne des imprimés conformes au modèle prescrit par la circulaire du 8 février 1838, la désignation des contribuables, telle qu'elle se trouve dans la colonne 3 de la matrice générale, et dans les colonnes 1, 2 et 3, les cotisations foncières, mobilières et des portes et fenêtres de l'année pour laquelle on opère. On ne transcrit pas les taxes personnelles et on élimine complétement les articles qui ne présentent que cette nature de taxes.

Afin de n'ouvrir au rôle spécial qu'un seul article pour chaque contribuable, on rattache, si l'identité des désignations le permet, aux articles déjà inscrits, ceux de la matrice primitive des patentes et des matrices supplémentaires s'il en existe. Mais si les dénominations, dans ces matrices, diffèrent de celles que présente la matrice générale, il y a nécessité d'inscrire les patentables à la suite des premiers, afin d'éviter d'attribuer à des individus des cotisations qui ne les concerneraient pas. Au surplus, par suite des dispositions de la circulaire n° 456, on peut faire inviter le percepteur à remettre à la direction un relevé des articles du rôle des patentes avec l'indication de leur rattachement au rôle général.

Lorsque tous ces articles sont transcrits sur le rôle, avec une série de numéros non interrompue, on additionne et on récapitule les sommes portées dans les colonnes 1, 2, 3 et 4 de manière à reproduire exactement le total des cotisations dont il s'agit, d'après les récapitulations de la matrice générale et de celle des patentes, primitive ou supplémentaire.

Les pages du rôle sont numérotées, et, comme chacune contient 10 articles, il est facile de vérifier si la série des numéros a été exactement établie.

Lorsque le nombre des articles est définitivement connu, on l'inscrit dans la colonne 12 du tableau spécial.

Les impositions communales à répartir sont désignées dans les colonnes 13 à 16 de la manière suivante, savoir: l'objet de l'imposition dans la 13e colonne, la nature et la date de l'acte d'autorisation (loi, décret ou arrêté, etc.) dans la 14e, et dans la 15e le nombre de centimes à imposer; enfin, dans la 16e, le montant total de chaque imposition.

Si l'imposition a été déterminée par un *nombre de centimes*, on inscrit ce nombre dans la 15e colonne, tel qu'il est indiqué dans l'acte d'autorisation, et le montant de l'imposition résulte de l'application de ce nombre de centimes aux sommes établies dans les colonnes 2 à 6.

Si l'imposition a été déterminée par une *somme fixe*, on porte cette somme dans la colonne 16 et on la divise par le montant des contributions, colonne 6. Le résultat de cette opération donne le nombre de centimes à noter dans la colonne 15 et à appliquer aux sommes des colonnes 2 à 6, pour répartir l'imposition entre les différentes contributions.

Lorsque le nombre de centimes est définitivement arrêté, soit qu'il ait été fixé par l'acte d'autorisation, soit qu'on l'ait obtenu par le calcul indiqué ci-dessus, on en fait l'application au principal des contributions (col. 2 à 6), et les résultats de cette application sont exprimés dans les colonnes 17, 18, 19 et 20; ils sont ensuite additionnés dans la colonne 21 de manière à reproduire la somme déjà énoncée dans la 16e.

On a donc ainsi opéré la répartition de l'imposition entre les contributions, en raison du principal de chacune.

On ajoute, comme il a été dit plus haut, le fonds de non-valeurs au même taux que pour les contributions ordinaires. Ce calcul est opéré dans les colonnes 22 à 26, et ces fonds sont réunis à l'imposition dans les colonnes 27 à 31.

On a dit aussi que le rôle devrait comprendre les frais relatifs à sa confection. Ces frais sont calculés à raison de 3 centimes par article; mais le produit ainsi calculé doit être réparti sur les différentes portions de l'imposition ; à cet effet on divise le montant des frais par l'imposition, et la proportion obtenue, colonne 32, sert à répartir ces frais dans les colonnes 33 à 37. On les totalise colonnes 38 à 42, et c'est sur ces totaux que les frais de perception sont réglés à raison de 3 centimes par franc, colonnes 43 à 47. En réunissant ces frais de perception aux totaux qui les précèdent, on obtient dans les colonnes 48 à 52, la somme à imposer sur chaque contribution.

Les colonnes qui suivent (de 53 à 59) se remplissent après la confection du rôle dont elles présentent le résultat définitif et un renseignement final (les centimes le franc) qu'il peut être utile de consulter, en cas de réclamation et en cas d'établissement ultérieur de rôles supplémentaires de patentes.

Ce mot de réclamation fait naître ici la question de savoir si les rôles de la nature de ceux dont il s'agit, peuvent contenir des réimpositions. Les modèles d'états et d'avis d'émission (n° 3) sont muets sur ce point ; mais l'affirmative ne saurait être douteuse, lorsque l'imposition ne porte que sur une section de commune et qu'elle doit durer plusieurs années. Évidemment, pour une imposition qui frappe une commune entière ou qui est limitée à une seule année, les dégrèvements réimposables ne peuvent être compris que dans le rôle ordinaire et figurer dans l'état général des réimpositions. Mais dans l'hypothèse d'une imposition sectionnaire, il y aurait nécessité, sur le tableau dont on s'occupe, et après les frais de perception, d'ouvrir des colonnes pour y mentionner les sommes à réimposer, afin de les comprendre dans le total de celles à répartir ; ou mieux encore, afin de ne pas changer la série des colonnes pour un cas très exceptionnel, on pourrait se borner à noter les réimpositions au-dessous même des frais de perception, dans la colonne de la contribution que concerne chaque réimposition, sauf à modifier l'avis d'émission et le développement qui termine l'état à fournir au Trésorier-Payeur général et à la Préfecture. Il va sans dire que l'on doit réimposer dans le rôle général les dégrèvements accordés sur la dernière annuité de l'imposition sectionnaire.

Il s'agit actuellement de rédiger la feuille de tête du rôle. Tous les détails que doit présenter cette feuille dans les deux cadres dont elle se compose, sont les mêmes que ceux contenus dans le tableau spécial des calculs dont il est parlé plus haut. Les colonnes de ce tableau correspondent aux lignes et aux colonnes de ladite feuille, en sorte que la rédaction ne présente aucune difficulté. C'est une simple transcription jusqu'à la ligne ayant pour titre : *Total des sommes à imposer*, qui sera suivie des frais d'avertissement et du *Total général* du rôle.

On y ajoute ensuite les centimes le franc servant à la répartition et qui s'obtiennent de la manière suivante :

On divise chacune des sommes (col. 48 à 51) par le montant des contributions portées dans les colonnes 7 à 10, et on obtient les proportions ou centimes le franc (col. 56 à 59) à appliquer, selon la nature de la contribution, aux cotisations relevées dans les colonnes 1, 2, 3 et 4 du rôle.

On se sert des tables à *quatre* chiffres pour cette application qui se fait sur le rôle même et dans les colonnes 6, 7, 8 et 9. On récapitule ces colonnes de manière à reproduire au total définitif le montant des sommes à imposer, colonnes 48 à 51 du tableau spécial.

On additionne horizontalement les colonnes 6, 7, 8 et 9 du rôle, et toutes les fois que le total des sommes contenues dans ces colonnes, atteint ou dépasse le chiffre de 1 franc, on ajoute 5 centimes dans la colonne 10, et le total se place dans la colonne 11 ; on additionne et on récapitule ces deux dernières colonnes et le total général de la 11e détermine le montant définitif du rôle.

On compte les articles auxquels on a attribué 5 centimes pour frais d'avertissement et le nombre de ces articles est noté dans la 55e colonne du tableau. Multiplié par 5 centimes, il doit reproduire la somme des frais d'avertissement constatés par la récapitulation du rôle. Cette somme est portée dans la 53e colonne, et, réunie à celle qui figure dans la 52e, elle doit donner le total général, lequel doit s'accorder avec le montant précité du rôle.

On complète alors la feuille de tête en y portant le nombre et les frais d'avertissement ainsi que le total général. La cote de chaque article du rôle est écrite en toutes lettres ; le rôle est daté et signé du Directeur et l'arrêté préfectoral rempli.

Les avertissements sont rédigés sur des formules particulières; (n° 206 du catalogue Dupont); ils indiquent l'objet de l'imposition et la date de l'acte qui l'a autorisée; on y porte l'article du rôle, la désignation du contribuable et le montant de sa cotisation spéciale; il n'en est fait que pour les articles qui s'élèvent à 1 franc et au-dessus. Avant de les distribuer, le percepteur y ajoutera la date de la publication du rôle.

Si le rôle est sectionnaire, c'est-à-dire s'il ne comprend qu'une portion de commune, (ce que mentionne l'acte qui autorise l'imposition), le contrôleur dresse, sur des imprimés fournis par la Direction, et avec le concours des répartiteurs, une matrice spéciale dans la forme de la matrice générale. Après avoir inscrit le folio de la matrice cadastrale, la dénomination du contribuable et sa demeure dans les colonnes 2, 3 et 4, il relève, à l'aide de ladite matrice, le revenu imposable des propriétés et le nombre des ouvertures des maisons situées dans la circonscription à imposer et, si l'individu a son habitation dans cette circonscription, il relève également ses bases de cotisations à la contribution personnelle mobilière, d'après la copie de la matrice générale déposée à la mairie. Pour ce qui concerne les patentes, la Direction adresse au contrôleur la matrice primitive et les matrices supplémentaires avec des imprimés sur lesquels il inscrit les patentables avec les éléments des droits fixes et proportionnels applicables aux établissements qui se trouvent placés dans le périmètre des terrains passibles de l'imposition extraordinaire. Le contrôleur doit apporter le plus grand soin à ce travail et joindre aux pièces, une note indicative de la circonscription qu'il a relevée, c'est-à-dire, la section ou les portions de sections et les numéros du plan dont il a dû faire le dépouillement, afin que la Direction puisse faire les vérifications nécessaires, ou fournir les explications qui lui seraient demandées.

Lorsque la Direction a reçu la matrice sectionnaire, et qu'elle s'est assurée, autant que possible, de son exactitude, elle applique aux bases de cotisations, les tarifs qui ont servi à établir le rôle ordinaire; les résultats de cette application sont additionnés et récapitulés et les totaux sont regardés comme des contingents à porter dans les colonnes 7 à 10 du tableau spécial, sauf déduction des taxes personnelles, dans la 8e colonne; mais ces contingents comprennent les centimes additionnels, et afin de les réduire au principal, on opère ainsi qu'il suit :

En ce qui concerne la contribution foncière, celle des portes et fenêtres et celle des patentes, pour déterminer le principal des sommes obtenues par le calcul qui vient d'être expliqué, il suffit de diviser le contingent en principal par le contingent total ($\frac{\text{col. 3.}}{\text{col. 8.}}$ $\frac{\text{col. 15.}}{\text{col. 20.}}$ $\frac{\text{col. 21.}}{\text{col. 25.}}$ de l'état du montant des rôles, 1re partie). Les proportions résultant de ces divisions, en les appliquant au montant respectif desdites contributions calculées, comme on l'a dit plus haut, sur la matrice sectionnaire, produisent le principal à inscrire dans les colonnes 2, 4 et 5 du tableau spécial.

Pour la contribution personnelle-mobilière, on exécute le même calcul, mais sur le montant des cotes mobilières seulement, et lorsqu'on a déterminé le principal de ces cotes, on y ajoute le montant des taxes personnelles de la circonscription et on obtient, de cette manière, le contingent sectionnaire à porter dans la colonne 3 du tableau mentionné ci-dessus.

On a donc ainsi constaté le principal des quatre contributions qui doivent servir de base au partage de l'imposition locale. On remplit alors les colonnes 6 et 11, et, pour les autres parties de l'état, de même que pour la confection des rôles et des avertissements, on suit la marche déjà indiquée pour les rôles spéciaux qui embrassent des communes entières.

Quant aux états du montant des rôles, la minute en est rédigée sur le cadre no 3 de l'état trimestriel, qu'on remplit aisément à l'aide du tableau spécial qui renferme tous les détails nécessaires ; il en est fourni une copie à la Préfecture et à la Trésorerie générale (voir § 40) en même temps que les rôles et les avertissements sont adressés aux receveurs des finances, et, enfin au moment même de cet envoi, on transmet à l'Administration un avis d'émission modèle n° 3 (cir. n° 466) qui est également établi au moyen du tableau spécial.

Le travail dont il s'agit est exécuté au compte du Directeur, qui touche la rétribution de 3 centimes par article, allouée pour la confection des rôles, au moyen d'un mandat du préfet sur la Trésorerie générale. Les frais d'avertissement sont payés au Directeur sur un mandat que celui-ci se délivre à lui-même; mais ces paiements ne peuvent avoir lieu qu'après l'ouverture des crédits dont la demande est faite par l'inscription des indemnités acquises, dans l'état des dépenses et des crédits adressé au commencement de chaque trimestre à la Direction générale, ainsi que dans la situation mensuelle de la comptabilité de l'ordonnateur secondaire.

Aux termes de l'art. 116 de l'instruction du 31 juillet 1858, les contrôleurs doivent être tenus au courant des augmentations que le nombre des centimes additionnels imposés sur les patentes, éprouve par suite de l'émission de rôles spéciaux, afin qu'ils puissent appliquer au principal des patentes délivrées par anticipation le nouveau centime le franc.

ÉTAT *du montant des Rôles spéciaux d'impositions communales.*

1	Communes.		
2	Bases, d'après le rôle général, de la répartition des impositions extraordinaires entre les diverses contributions et de la fixation des cotisations individuelles.	Principal des contributions	Foncière.
3			Personnelle-mobilière.
4			Des portes et fenêtres.
5			Patentes.
6			Total.
7		Montant total des cotes de contributions	Foncière.
8			Cotes mobilières seulement.
9			Des portes et fenêtres.
10			Patentes.
11			Total.
12	Nombre d'articles des rôles.		
13	Désignation des impositions extraordinaires comprises dans les rôles et indication des lois, décrets ou arrêtés qui les autorisent.		Objet des impositions.
14			Dates des lois, décrets et arrêtés.
15			Nombre de centimes.
16			Sommes.
17	Répartition entre les contributions à raison de leur principal.		Foncière.
18			Personnelle-mobilière.
19			Portes et fenêtres.
20			Patentes.
21			Total.
22	Fonds de non-valeurs sur le montant des impositions ci-contre.		Foncière.
23			Personnelle-mobiliére.
24			Portes et fenêtres
25			Patentes.
26			Total.
27	Totaux des impositions et des fonds de non-valeurs		Foncière.
28			Personnelle-mobilière.
29			Portes et fenêtres.
30			Patentes.
31			Total.
32	Répartition des frais de confection, à raison de 3 centimes par article.		Rapport de ces frais avec la somme à imposer.
33			Foncière.
34			Personnelle-mobilière.
35			Portes et fenêtres
36			Patentes.
37			Total.
38	Totaux. — Contributions		Foncière.
39			Personnelle-mobilière.
40			Portes et fenêtres.
41			Patentes.
42			Total.
43	Frais de perception à raison de 3 centimes par franc.		Foncière.
44			Personnelle-mobilière.
45			Portes et fenêtres.
46			Patentes.
47			Total.
48	Totaux des sommes à imposer.		Foncière.
49			Personnelle-mobilière.
50			Portes et fenêtres.
51			Patentes.
52			Total.
53	Frais d'avertissement.		
54	Total général.		
55	Nombre d'avertissements.		
56	Centime le franc pour chaque contribution		Foncière
57			Personnelle-mobilière.
58			Portes et fenêtres.
59			Patentes.

§ 33.

Rôles Supplémentaires des patentes.

A l'expiration de chaque trimestre, et avant le 15 des mois de mai, août, novembre de chaque année et 31 janvier de l'année suivante (circ. nos 235 et 385), il est procédé à la confection des rôles supplémentaires des patentes d'après les matrices trimestrielles rédigées par les contrôleurs, en vertu des lois des 25 avril 1844 (art. 23) et 4 juin 1858 (art. 13).

Ces matrices doivent comprendre (1):

Les individus qui entreprennent, dans le cours de l'année, une profession sujette à patente, ou d'une classe supérieure à celle qu'ils exerçaient d'abord ;

Ceux qui transportent leur établissement dans une commune d'une plus forte population ;

Ceux qui prennent des maisons ou des locaux d'une valeur locative supérieure à celle des maisons ou locaux pour lesquels ils ont été primitivement imposés ;

Ceux qui entreprennent une profession passible d'un droit proportionnel plus élevé.

Tous ces contribuables doivent être imposés à partir du 1er du mois dans lequel les changements sont survenus.

Les matrices supplémentaires doivent encore comprendre ceux qui, à partir du mois de janvier, se livrent à l'exercice d'une profession imposable, et ceux qui, à une époque quelconque, entreprennent une profession qui, par sa nature,

---

(1) On pourrait dire que les explications relatives à la rédaction des matrices n'appartiennent pas à la *confection des rôles*, laquelle commence là où finit cette rédaction. Quand on expédie les rôles, on admet que les matrices sont terminées. Néanmoins, ces explications ont paru pouvoir être ici de quelque utilité, afin que l'on trouve réunies toutes celles qui se rattachent à cette matière.

ne peut être exercée que pendant une partie de l'année. Dans ces deux cas, la patente est due pour l'année entière.

Enfin, doivent aussi y figurer les individus omis aux rôles primitifs, c'est-à-dire ceux qui exerçaient, antérieurement au 1er janvier, une profession sujette à patente, ou qui, avant ladite époque, ont opéré des changements susceptibles de motiver une augmentation de droit.

Dans aucun cas, les rôles supplémentaires ne doivent contenir des rehaussements de taxes, en rectification d'erreurs commises dans l'appréciation des éléments primitifs : il faut, pour qu'il y ait lieu à supplément de droits, des faits nouveaux survenus dans l'année courante, ou des faits nouveaux antérieurs, omis dans le rôle primitif, c'est-à-dire survenus entre l'époque de la rédaction de la matrice primitive et le 1er janvier suivant.

Les matrices supplémentaires sont rédigées sur des imprimés conformes au modèle n° 7 de l'instruction du 31 juillet 1858, et avec les soins prescrits par l'article 112 de cette instruction.

Les contrôleurs déposent dans les mairies, les 31 mars, 30 juin, 30 septembre et 30 novembre au plus tard, les matrices qu'ils ont rédigées, et adressent, en même temps, au Directeur (art. 112 précité) la liste des communes pour lesquelles il a été rédigé de ces matrices, liste qui énonce la date du dépôt aux mairies. La Direction tient la main à ce que cette pièce lui soit fournie sans retard, afin qu'elle puisse activer la rentrée des matrices en les réclamant aux maires, ou, en ayant recours à l'intervention des sous-préfets et du préfet. Si, malgré les instances du Directeur, le renvoi des matrices subissait des retards au-delà du délai de vingt jours fixé par la loi, il serait suppléé aux matrices non arrivées par des duplicata fournis par les contrôleurs (circ. du 25 octobre 1845, n° 106 ; et circ. autog. du 12 octobre 1853).

Au moyen desdites listes, on s'assure que toutes les matrices sont rentrées.

A mesure de leur réception, la Direction les examine pour donner la suite convenable aux observations qui y auraient été consignées par les maires ou les sous-préfets. Elle s'assure de la régularité des détails qu'elles présentent, de l'exactitude du chiffre de la population, du centime le franc, de la dénomination des professions, etc., etc. Au moyen des certificats d'imposition fournis par les contrôleurs au fur et à mesure de la délivrance, elle vérifie si toutes les patentes délivrées par anticipation, durant le trimestre, y sont comprises et pour les mêmes droits ; elle s'assure, en outre, si les contrôleurs ont fourni (col. 14) les indications relatives au montant des droits à payer par les patententables déjà imposés

Afin que l'émission des rôles ait lieu aux époques indiquées plus haut et déterminées par la circulaire n° 235, il convient, à l'arrivée de chaque matrice, de procéder au calcul des droits fixes et proportionnels en principal et comme le nombre des centimes additionnels à ajouter au principal des cotisations des patentables portés dans les matrices supplémentaires doit être égal à celui des centimes additionnels imposés aux autres patentables, on peut immédiatement appliquer aux nouveaux imposés la proportion qui se trouve inscrite dans la 31e colonne de la seconde partie de l'état du montant des rôles, application qui se fait sur les matrices de toutes les communes pour lesquelles il n'a pas été établi de rôles spéciaux depuis l'émission des rôles primitifs (1).

Il serait sans doute préférable d'établir le calcul des centimes additionnels sur l'état du montant des rôles, et, après l'avoir ajusté, d'en reporter le résultat sur la matrice de chaque commune ; mais, pour agir ainsi, il faudrait que toutes les matrices fussent parvenues à la Direction. Au contraire, en appliquant, dès la réception de chacune de ces matrices, la proportion ou le centime le franc qui y est indiqué, ou, comme on l'a dit plus haut, qui est inscrit dans la 31e colonne de la deuxième partie de l'état du montant des rôles primitifs (sauf pour les communes qui ont eu des rôles spéciaux et pour lesquelles, par conséquent, cette proportion subit une augmentation), on peut faire les rôles au fur et à mesure, et on parvient plus sûrement à les terminer dans le délai voulu.

---

(1) Le calcul des droits en principal est singulièrement facilité par l'emploi de tarifs du modèle ci-dessous indiquant le montant des droits à payer suivant le mois à partir duquel commence l'imposition. L'habitude de s'en servir y fait trouver des résultats pour la plupart des articles, même en ce qui concerne le droit proportiounel.

Tarif pour les communes d'une population de 2,000 âmes et au-dessous.

Cl.es	Janvier.	Février.	Mars.	Avril.	Mai.	Juin.	Juillet.	Août.	Septem.	Octob.	Novem.	Décem.
1re	35 »	32 08	20 17	26 25	23 33	20 42	17 50	14 58	11 67	8 75	5 83	2 92
2e	25 »	22 92	20 83	18 75	16 67	14 58	12 50	10 42	8 33	6 25	4 17	2 08
3e	18 »	16 50	15 »	13 50	12 »	10 50	9 »	7 50	6 »	4 50	3 »	1 50
4e	12 »	11 »	10 »	9 »	8 »	7 »	6 »	5 »	4 »	3 »	2 »	1 »
5e	7 »	6 42	5 83	5 25	4 67	4 08	3 50	2 92	2 33	1 75	1 17	» 58
6e	4 »	3 67	3 33	3 »	2 67	2 33	2 »	1 67	1 33	1 »	» 67	» 33
7e	3 »	2 75	2 50	2 25	2 »	1 75	1 50	1 25	1 »	» 75	» 50	» 25
8e	2 »	1 83	1 67	1 50	1 33	1 17	1 »	» 83	» 67	» 50	» 33	» 17

Un tarif du même genre est dressé pour chacune des catégories de population qui existent dans le département.

Nota.— Le *Tableau pour le calcul des douzièmes*, publié par M. Chenu, imprimeur à Orléans, remplacerait avantageusement les tarifs par catégorie, si, au lieu de s'arrêter à 50, il avait été continué jusqu'à 100.

Si l'on peut, au reste, faire rentrer toutes les matrices en temps opportun, on rédige d'abord l'état du montant des rôles et on procède ensuite comme pour les rôles ordinaires.

Quant aux communes pour lesquelles il en aurait été établi, les centimes additionnels qui, dans ces rôles, affecteraient la contribution des patentes, seraient ajoutés à la proportion mentionnée ci-dessus et le nombre total de centimes qui résulterait de cette addition, serait appliqué aux cotisations contenues dans les matrices supplémentaires.

Cette application est faite dans la colonne 20 de ces matrices; dans la 21ᵉ, on établit les frais d'avertissement et chaque article est définitivement additionné dans la colonne 22. Toutes les colonnes concernant les cotisations sont également additionnées et vérifiées. On doit aussi fixer, dans la 13ᵉ, le nombre des formules à expédier, en se conformant aux dispositions du 5ᵉ § de l'article 118 de l'instruction du 31 juillet 1858.

D'après cet article, il doit être délivré une formule pour chaque article de rôle comprenant un droit *fixe* ou se rapportant à une des professions du tableau D. Pour les articles des rôles supplémentaires, il faut en excepter ceux pour lesquels la formule a été délivrée par anticipation, de même que ceux qui, déjà cotisés à un droit fixe, ne figureraient au rôle supplémentaire, que pour un droit additionnel, à moins que ce droit ne concerne une profession d'une classe supérieure à celle qui figure au rôle primitif; dans ce cas, il y aurait lieu de délivrer une nouvelle formule. Il va sans dire que les articles qui ne comprennent que des droits proportionnels autres que ceux du tableau D, n'en doivent point recevoir. Au reste, les articles pour lesquels il y a lieu d'en expédier doivent être soigneusement notés dans la 13ᵉ colonne de la matrice supplémentaire.

Les matrices étant taxées comme on l'a dit plus haut, on peut faire expédier les rôles et les avertissements, principalement des communes les moins importantes, sauf à réserver quelques matrices où les articles sont les plus nombreux pour ajuster le produit des centimes additionnels de manière à le faire concorder avec l'état du montant des rôles.

Il faut aussi s'occuper, le plus tôt possible, de la formation de cet état, qui peut être commencé dès que l'on a calculé les droits en principal. Le modèle en est compris sous le nº 4 de la série des états trimestriels (circ. nº 272). Mais tout en conservant le format de ce modèle, afin de le rattacher à l'état général de chaque trimestre, il serait nécessaire, pour la rédaction de la minute, d'ouvrir dans le cadre, les colonnes désignées ci-après, savoir :

Entre la 8ᵉ et la 9ᵉ, une colonne 8 *bis* intitulée : total des droits de patentes en principal et centimes additionnels (col. 5, 6, 7 et 8).

Entre la 13e et la 14e, une colonne 13 *bis* intitulée : total des centimes communaux (col. 11, 12 et 13).

Après la 14e, une colonne 14 *bis* intitulée : total des centimes communaux et du fonds de non valeurs (col. 13 *bis* et 14).

Enfin une 19e, pour indiquer le nombre des centimes appliqués au principal. Ce nombre pouvant ne pas être toujours le même que celui de la proportion énoncée dans la 31e colonne de la 2e partie de l'état du montant des rôles généraux (ce qui a lieu lorsqu'il a été établi des rôles spéciaux), il est à propos de le noter en regard du nom de chaque commune sur l'état des rôles supplémentaires. L'état modifié dans la forme qu'on vient d'indiquer, sans contenir des détails trop mulitipliés, suffit au calcul du montant des rôles dont il s'agit.

A l'aide des listes des communes pour lesquelles il a été rédigé des matrices, (art. 112 de l'instruction) on inscrit sur l'état, colonnes 1 et 2, les noms des perceptions et des communes, et, à mesure que les droits sont calculés en principal, on remplit les colonnes 3, 4 et 5.

Par deux applications de tarifs, on établit, dans la colonne 6, les centimes généraux, et dans la colonne 7, les centimes départementaux. Le nombre des uns et des autres est indiqué en tête de leur colonne respective (c'est, d'ailleurs, le même que pour les rôles primitifs). La colonne 9 reçoit le produit des avertissements d'après la 21e de la matrice supplémentaire, et la 10e est remplie par le montant total de la 22e de cette matrice. On porte en même temps, dans la 17e, le nombre d'articles, et dans la 18e, le nombre des formules : enfin on inscrit dans la 19e, le nombre des centimes additionnels ajoutés au principal, nombre qu'on a dû porter, au moment du calcul, sur la feuille de tête, à la ligne imprimée pour recevoir cette annotation, si le contrôleur ne l'a dejà mise, ou s'il y a lieu de la modifier.

La colonne 8 *bis* détermine le montant de la contribution, c'est-à-dire le total de la colonne 10, moins les frais d'avertissement ; il ne reste plus à remplir que la colonne 8 qui présente en bloc le montant des centimes communaux. On obtient ce montant par la différence nécessaire pour former avec les colonnes 5, 6 et 7, le total de la colonne 8 *bis*.

On passe ensuite au développement des centimes communaux, colonnes 11 à 15, dont la réunion doit produire le chiffre à porter dans la colonne 8.

On consulte, à cet effet, l'état des centimes communaux compris dans les rôles primitifs et, s'il y a lieu, celui du montant des rôles spéciaux. On y trouve, pour remplir les colonnes 12 et 13, l'indication du nombre de centimes afférents aux chemins vicinaux et à l'instruction primaire ; et on relève, colonne 9 du premier, et colonne 15 du second, les centimes qui doivent former le montant des impositions extraordinaires à inscrire dans la colonne 11 de l'état dont on s'occupe.

Les colonnes 11, 12 et 13 sont totalisées dans celle 13e *bis*, et le fonds de non valeurs, à raison de 5 centimes par franc, est énoncé dans la 14e; ce fonds réuni au total qui le précède (col. 13 *bis*) forme, dans la colonne 14 *bis* le montant sur lequel on calcule, à 3 centimes par franc, les frais de perception qui sont portés dans la 15e.

On comprend qu'il faut ajuster les calculs de manière que la réunion des colonnes 14 *bis* et 15, reproduise exactement le montant de la 8e.

Enfin on établit, dans la 16e, le produit des 8 centimes à prélever sur le principal pour attributions aux communes.

Les colonnes 3 à 18 sont additionnées et récapitulées par arrondissement, et à mesure que le travail est complet pour un arrondissement et que les résultats sont définitivement ajustés, on remplit les feuilles de tête des rôles, et on s'assure si, pour chaque commune, le total définitif de cette feuille concorde avec celui de la matrice supplémentaire; en cas de différence, on en recherche la cause et on rectifie de manière à faire disparaître toute espèce de discordance. On prépare ensuite la minute de l'avis d'émission (modèle n° 4 annexé à la circ. n° 466) lequel tient lieu, pour les rôles dont il s'agit, comme pour tous les rôles spéciaux, du *Développement* qui termine l'état du montant des rôles généraux. Cet avis sert, en outre, à remplir le cadre qui termine les copies destinées au Trésorier-Payeur général et à la Préfecture, ainsi qu'à transcrire les résultats au *Registre d'inscription* (Voir § 42).

On a donné plus haut, pour les rôles primitifs, des explications touchant :

L'établissement des feuilles de tête;

L'expédition des rôles et des avertissements ;

Les récapitulations et l'arrêté final des rôles ;

Les sommes en toutes lettres ;

Le partage du montant du rôle entre l'État, le département la commune, etc.;

La division des cotes ;

La rédaction des formules de patentes;

Les copies de l'état du montant des rôles pour la Trésorerie générale et la Préfecture ;

La mise en recouvrement des rôles;

Et l'avis d'émission à adresser à l'Administration,

Explications qui dispensent de répéter ici ce que l'on a à faire sur tous ces points. Ajoutons seulement qu'il serait utile de mentionner sur la matrice supplémentaire, comme on le fait sur la matrice primitive, la proportion qui exprime la part de l'État dans le montant de la contribution, et d'ouvrir sur l'état du montant des rôles une 20e colonne, dans laquelle on inscrirait cette même proportion. Cette indication n'a, sans doute, pas été portée parce que, dans la plupart des cas, elle doit être la même que pour le rôle primitif. Cependant, il n'en est plus ainsi, quand il a été établi un rôle spécial d'imposition locale, car la part de l'État est, relativement, d'autant plus faible que le nombre des centimes départementaux et communaux est plus élevé, et *vice-versâ;* d'un autre côté il faut bien indiquer le chiffre de ladite proportion à l'expéditionnaire chargé de la division des cotes. Il ne serait donc pas inutile de l'inscrire au-desous de la division du montant du rôle, comme on le fait sur la matrice primitive des patentes.

Les avertissements doivent indiquer le trimestre auquel ils se rattachent et en regard du total, le nombre de mois pour lequel la cotisation est établie;

Ils doivent aussi, à la place du 12e, mentionner la portion à payer mensuellement, suivant le nombre de mois restant à s'écouler depuis la mise en recouvrement du rôle jusqu'à la fin de l'année (art. 115 de l'instruction du 31 juillet 1858); sur ceux du 4e trimestre il n'y a aucune mention à faire.

Les rôles supplémentaires sont confectionnés aux frais de l'État, dès lors ils sont soumis aux mêmes règles de comptabilité que les rôles ordinaires.

Lorsque les rôles des quatre trimestres sont expédiés, c'est-à-dire vers la fin du mois de janvier de l'année suivante, on rédige et on adresse à l'Administration: 1° un décompte conforme au modèle D, dans lequel on établit, suivant le libellé imprimé, les frais de confection des rôles dont il est question (On y comprend aussi, s'il y a lieu, les rôles additionnels à la contribution foncière pour biens devenus imposables); 2° Le mémoire de l'imprimeur pour les feuilles de rôles et d'avertissements concernant les suppléments de patentes, avec un décompte (modèle E) et un état, (modèle F) des cadres restés sans emploi.

A la réception des crédits relatifs à cet objet, le montant en est mandaté par le Directeur au nom du premier commis, et les expéditionnaires sont soldés d'après un décompte modèle B *bis*, lequel, revêtu de l'acquit de la partie prenante, est transmis avec un bordereau en double expédition au Trésorier-Payeur qui en accuse la réception par le renvoi de l'un des bordereaux, sur lequel il a consigné son récépissé.

Les frais de formules de patentes sont payés au Directeur au moyen d'un mandat délivré par le Préfet et dont le montant est imputé sur le fonds de non-valeurs de la contribution des patentes.

§ 34.

Rôles pour cotisations omises aux rôles généraux.

La loi du 21 avril 1832, par son art. 28, a statué que les contribuables omis au rôle pour la contribution personnelle-mobilière et celle des portes et fenêtres, pourraient, dans les trois mois de la publication du rôle dans lequel ils n'ont pas été compris, réclamer contre cette omission.

On leur attribue, dans des rôles supplétifs, des cotisations extraordinaires qui viennent en déduction des contingents pour l'année suivante.

Cette mesure recevait quelquefois son application, lorsqu'il existait un cens électoral; aujourd'hui elle est, pour ainsi dire, tombée en désuétude, surtout en ce qui concerne les portes et fenêtres. Le cas le plus ordinaire, pour lequel il semble qu'on puisse en solliciter l'exécution, est celui où certains avantages part dans les biens communaux, affouages, etc.) seraient attachés à la qualité d'imposé à la contribution personnelle-mobilière. Toutefois, si la disposition légale de 1832 était invoquée (les agents de l'Administration n'ont pas à l'appliquer d'office), le contrôleur, de concert avec le maire et les répartiteurs, (vérifierait si le réclamant, quoique imposable, a été réellement *omis* dans le rôle ordinaire, et, le cas échéant, il ferait une matrice particulière dans laquelle les bases de cotisations seraient constatées (circ. du 30 septembre 1831). Le Directeur soumet cette matrice à l'approbation du Préfet et procède ensuite, suivant les règles tracées par la circulaire du 1er septembre 1834, qui contient, à cet égard, toutes les explications propres à assurer l'exécution de la loi.

Le principal des cotisations à assigner aux imposables étant déterminé, on dresse, sur un imprimé de la forme ordinaire, un état qui présente le montant de ce principal, auquel on ajoute les divers centimes additionnels, à la réserve de ceux correspondant aux réimpositions et aux frais d'expertises. On suit, d'ailleurs, dans les différentes parties du travail à effectuer, c'est-à-dire pour l'expédition et la mise en recouvrement des rôles et des avertissements, la comptabilité, etc., la marche indiquée pour les biens ajoutés à la matière imposable et cotisés en accroissement des contingents. Il faut seulement remarquer qu'au lieu d'un avis d'émission, on adresse immédiatement à l'Administration une copie de l'état du montant des rôles, sur laquelle on mentionne la date de la remise faite au Trésorier-Payeur général de l'expédition qui lui aurait été fournie (circ. du 1er septembre 1834).

Il avait d'abord été décidé (même circulaire) qu'on ne devait pas comprendre le montant des rôles supplétifs de l'espèce dans les états trimestriels; mais cette disposition a été annulée et, en conformité de la circulaire du 18 octobre 1851, n° 261, le principal et les divers centimes additionnels des cotisations établies en vertu de l'art. 28 de la loi du 28 avril 1832, doivent figurer dans le *Registre d'inscription* (circ. du 21 mai 1838) du montant des rôles, ainsi que dans les états et résumés envoyés à l'Administration, à l'expiration de chaque trimestre.

La déduction à opérer sur les rôles de l'année suivante est mentionnée au tableau placé en tête de l'état du montant des rôles généraux, en observant la précaution indiquée par la circulaire du 1er septembre 1834, quand la déduction ne doit avoir pour objet que la taxe personnelle.

§ 35.

Rôles pour frais de bourses et chambres de commerce.

La loi du 28 ventôse an IX, l'arrêté du 12 brumaire an XI et la loi du 23 juillet 1820, ont réglé qu'il serait perçu sur certaines classes ou catégories de patentés, des contributions spéciales, pour subvenir aux dépenses des bourses et chambres de commerce. L'article 33 de la loi du 25 avril 1844 a disposé que ces contributions seraient réparties sur les patentables des trois premières classes du tableau A et sur ceux des tableaux B et C, désignés comme passibles d'un droit fixe égal ou supérieur à ceux desdites classes.

Les associés des patentables ci-dessus désignés ainsi que les individus des mêmes classes ou tableaux, imposés à des fractions de droits (art. 9 de la loi du 4 juin 1858) sont également passibles de ces impositions.

Les patentables qui exercent diverses professions, les unes rangées dans les trois premières classes du tableau A, ou appartenant aux tableaux B et C, d'un droit fixe égal ou supérieur à ceux desdites classes, les autres placées dans les classes inférieures à la troisième ou d'un droit au-dessous de celui de cette dernière, ne doivent pas participer aux dépenses de la chambre de commerce d'après leur cotisation totale, mais seulement, d'après le montant des droits qui se trouvent dans la première des conditions énoncées ci-dessus. Il faut donc, dans les cotisations composées de plusieurs droits, ne relever, pour servir de base à la répartition de l'imposition relative aux bourses ou chambres de commerce, que les taxes déclarées passibles de cette imposition, par l'article 33 de la loi du 25 avril 1844, interprété par l'article 117 de l'instruction du 31 juillet 1858.

Le rôle relatif aux frais d'une bourse de commerce ne comprend que les imposables de la ville où cette bourse est établie ;

Si le département ne renferme qu'une chambre de commerce, les rôles comprennent tous les imposables du département.

Lorsque, dans le même département, il existe plusieurs chambres de commerce, les rôles sont établis suivant les circonscriptions réglées par ordonnance ou par décret dont on reçoit communication de la Préfecture.

Chaque année, un décret détermine la somme à imposer pour les dépenses des Bourses et Chambres de commerce.

Ces sommes sont réparties sur le montant des droits fixes et proportionnels en principal. Il y est ajouté 5 centimes pour subvenir aux non-valeurs (loi du 23 juillet 1820, art. 11 à 16.)

La taxe, y compris le fonds de non-valeurs, est encore augmentée de 3 centimes par franc pour frais de perception (art. 4 de la loi du 14 juillet 1838).

Le travail dont il est question s'exécute au compte du Directeur; les frais de confection des rôles sont fixés à 5 centimes par article (circ. du 20 août 1829). Ils sont prélevés sur le fonds de non-valeurs (circ. du 15 janvier 1830) et payés au moyen d'un mandat délivré par le préfet.

D'après la circulaire du 31 août 1838, il est adressé des avertissements aux redevables, pour le paiement des taxes en question, mais seulement pour les cotes d'un fr. et au-dessus. Les frais d'avertissement font partie de la comptabilité administrative; ils figurent dans les situations mensuelles adressées au secrétariat général des finances, ainsi que dans l'état trimestriel des dépenses et des crédits fourni à l'Administration et sont payés sur un mandat que le Directeur se délivre à lui-même, lorsque le crédit applicable à cet objet a été ouvert.

La confection des rôles, s'exécute de la manière suivante :

Le rôle est dressé par arrondissement de perception, et la Direction est dispensée de former une matrice minute (circ. des 20 août 1829 et 15 janvier 1830).

On relève sur l'imprimé du rôle, par perception et dans l'ordre où ils sont inscrits sur la matrice des patentes de chaque commune, les noms, prénoms, demeures et professions des individus passibles de l'imposition, en leur donnant une série de numéros par rôle, on relève aussi le montant de leurs cotisations (droits fixes et proportionnels en principal des classes et tableaux désignés plus haut) qu'on a soin de placer dans l'espace réservé, et de manière à pouvoir les additionner au bas de chaque page. Ces bases sont récapitulées à la dernière page du rôle (1), et le total de chaque perception est porté à la marge de l'état modèle n° 5 de la série des états trimestriels, sur lequel on a déjà inscrit,

---

(1) Le cadre de la récapitulation n'est pas disposé pour recevoir les totaux, par page, des bases da la répartition ; mais comme le relevé de ces bases est indispensable, il y a lieu de subdiviser en deux la colonne du cadre, savoir :

Montant des droits des patentes en principal.

Montant des taxes additionnelles.

Au surplus, bien que les circulaires précitées aient dispensé de former une matrice, il est des directions qui ont jugé utile de l'établir, ce qui procure toute les facilités désirables.

colonne 1re, les noms des perceptions. Lorsque le total général de ces mêmes bases est établi, et après qu'elles ont été soigneusement collationnées, on tire le centime le franc en divisant la somme à imposer par ce dernier total, et on l'applique à la somme marginale afférente à chaque perception, ce qui forme le contingent en principal de chacune d'elles qu'on inscrit dans la colonne 2; on ajoute à ce principal 5 centimes par franc; les colonnes 2 et 3 sont additionnées dans la 4e et on calcule dans la 5e, les frais de perception à raison de 3 centimes par franc des sommes contenues dans la précédente; enfin, dans la 6e, on porte les frais d'avertissement, à raison de 5 centimes, d'après le nombre des côtes d'un franc et au-dessus, et enfin le montant total de chaque rôle est établi dans la 7e.

Lorsque les différentes colonnes de l'état sont additionnées et récapitulées, on détermine le centime le franc définitif qui doit servir à la fixation des cotes individuelles. Ce centime le franc est calculé sur le montant total de la somme à imposer, augmentée des fonds de non-valeurs et des frais de perception, c'est-à-dire sur le total formé de la réunion des colonnes 4 et 5.

On reporte alors sur la feuille de tête du rôle de chaque perception et aux lignes correspondantes, les sommes contenues dans les colonnes de l'état, et, au moyen du centime le franc, on procède à la répartition par article, en ayant soin, à la récapitulation finale, d'arriver au montant total du rôle déjà énoncé sur la première page de la feuille de tête.

La cotisation de chaque imposé est alors écrite en toutes lettres, et il en est de même du montant total du rôle dans l'arrêté préfectoral placé au-dessous de la signature du Directeur.

Il est entendu que les opérations qui viennent d'être détaillées sont exécutées séparément pour chaque circonscription de bourse ou chambre de commerce.

La transcription des avertissements ne peut présenter de difficulté, et n'exige aucune explication. Comme on l'a dit plus haut, on ne doit en faire que pour les cotisations de *un* franc et au-dessus. Les instructions, à la vérité, ne se sont pas expliquées à cet égard; mais l'Administration consultée a toujours répondu en ce sens.

Quant à l'émission des rôles et aux notifications à faire à la Préfecture, à la Trésorerie générale et à l'Administration, on n'a qu'à se reporter à ce qui est dit au § 39.

§ 36.

Rôles des rétributions à percevoir pour la vérification des poids et mesures.

Il a été décidé que ces rétributions seraient perçues par les mêmes mains et dans les mêmes formes que les contributions directes (instr. min. du 31 décembre 1825).

Le Préfet dresse le tableau des professions soumises à la vérification des poids et mesures. Ce tableau, dont la Direction doit posséder un exemplaire, indique l'assortiment dont chaque profession est tenue de se pourvoir (ord. du 17 avril 1839 ; circul. du 6 mai 1865, n° 444).

La révision périodique des poids et mesures s'opère, chaque année, du 1er janvier au 1er août (ord. des 21 décembre 1832 et 17 avril 1839) suivant l'importance des localités, elle est annuelle ou bisannuelle. Le préfet règle, par un arrêté dont il donne connaissance à la Direction, l'ordre dans lequel les diverses communes du département sont vérifiées *(ibidem)*.

Les vérificateurs dressent, sur des imprimés conformes au modèle prescrit, les états-matrices qui indiquent les noms des redevables et le montant de leurs cotisations, lesquelles sont déterminées conformément aux tarifs fixés par les ordonnances des 18 décembre 1825, 21 décembre 1832 et 18 mai 1838.

Les états-matrices sont envoyés au préfet qui les arrête et les transmet au Directeur, à mesure que les opérations sont achevées dans les communes d'une même perception, et, au plus tard, le 1er août de chaque année.

Le Directeur vérifie les états-matrices et procède à la confection des rôles, laquelle consiste à transcrire sur des feuilles conformes au modèle prescrit, et modifié par les circulaires des 29 juin 1833 et 2 avril 1840, les énonciations contenues dans les états dressés par les vérificateurs.

Ces rôles sont rédigés par arrondissement de perception ; les communes sont désignées dans le cadre placé, à cet effet, sur la feuille de tête. Les taxes sont additionnées et récapitulées par bas de page, et le montant total du rôle est transcrit en toutes lettres dans l'arrêté préfectoral qui suit la signature du Directeur.

Il n'est pas rédigé d'avertissements pour les redevables.

L'état du montant des rôles, modèle n° 6 de la série des rôles spéciaux, présente simplement, par perception, le montant des taxes et le nombre d'articles des rôles.

Afin de ne pas multiplier les émissions de rôles, on peut, à la fin des mois de mars et juin, mettre en recouvrement ceux qui sont prêts à ces époques. La dernière émission doit avoir lieu dans le mois d'août, au plus tard.

Vers la fin de l'année, ou dans le mois de janvier de l'année suivante, il peut être dressé des rôles supplémentaires (ord. du 17 avril 1839, art. 52).

Pour l'envoi des rôles et leur publication, ainsi que pour l'expédition des états qui en présentent le montant, et des avis d'émission (mod. n° 6), on suit la marche tracée plus haut. (Voir aussi le § 39)

La confection des rôles est faite au compte du Directeur qui reçoit, pour ce travail, une indemnité de 3 centimes par article (circ. minis. du 21 juin 1833).

Cette indemnité figure dans l'état trimestriel des dépenses et des crédits, ainsi que dans les situations mensuelles de la comptabilité administrative et le Directeur en touche le montant au moyen d'un mandat qu'il se délivre à lui-même sur la caisse du payeur, lorsque le crédit demandé est ouvert.

§ 37.

Rôles des redevances sur les mines.

Aux termes de la loi du 21 avril 1810 et du décret du 6 mai 1811, les mines sont annuellement assujetties à des redevances fixes et proportionnelles. La redevance fixe est réglée d'après l'étendue de l'extraction, et à raison de 10 francs par kilomètre carré; la redevance proportionnelle est du vingtième du produit net de l'exploitation. Les propriétaires des mines peuvent obtenir des abonnements pour cette dernière redevance. (Circ. n°s 400 et 458).

Il est ouvert à la Direction, dans la forme du modèle annexé à cette dernière circulaire, un *Registre des mines* contenant tous les renseignements nécessaires à l'assiette des redevances.

Par les soins de l'ingénieur des mines, et avec les concours des maires, adjoints et répartiteurs, il est dressé, aux époques fixées par le Préfet, des états d'exploitation divisés en deux parties et présentant: 1° la description de la mine; 2° la proposition de l'évaluation du produit net imposable.

Ces états sont adressés au Préfet qui, après les avoir communiqués au Directeur, les soumet à un comité d'évaluation composé du Préfet, de deux membres du conseil général désignés par lui, du Directeur des contributions directes, de l'ingénieur des mines et de deux des principaux propriétaires de mines.

Ce comité procède aux appréciations du produit net imposable, soit d'office, soit en ayant égard aux déclarations des exploitants. Pour les règles à suivre dans ces appréciations, il est bon de consulter les circulaires ministérielles faisant suite à celles n°s 204, 264 277, 400 et 458 ainsi que les arrêts du conseil d'État qui sont joints à celle n° 306.

A l'aide des états d'exploitation et aussitôt leur réception, la Direction dresse un tableau (1) présentant, avec tous les détails nécessaires à l'expédition des rôles, la fixation de la cote de chaque redevable, laquelle se compose de la redevance fixe et de la redevance proportionnelle calculées comme il a été dit plus haut, et augmentées :

1° De 10 centimes par franc pour fonds de non-valeurs;

2° Des remises du Trésorier-Payeur général et des receveurs particuliers fixées, pour le premier, à 1/3 de centime par franc des sommes imposées sur l'arrondissement chef-lieu, et à 1/10e de centime sur les autres arrondissements ; pour les seconds, à 1/3 de centime sur les sommes à recouvrer dans leurs arrondissements respectifs (2) ;

3° Des remises des percepteurs réglées à 3 centimes par franc (cir. n° 217) ;

4° Des frais d'avertissement (5 centimes par article).

Les deux espèces de redevances (circ. du 25 nov. 1828) sont réunies dans

---

(1) Ce tableau exige une attention particulière ; de sa formation dépend, en effet, la bonne rédaction des rôles. Il doit être disposé ainsi :

DÉPARTEMENT
d

ÉTAT-MATRICE, par commune, des redevances établies sur les mines pour l'année 186 .

1 Article (série par commune).
2 Arrondissement.
3 Perception.
4 Commune (chef-lieu de l'exploitation, celle où se trouvent les bâtiments).
5 Noms, prénoms et demeures des concessionnaires ou exploitants.
6 Désignation de la mine.
7 Nature et date du titre de concession.
8 Bases des redevances — Étendue de la mine en kilomètres carrés.
9 Bases des redevances — Revenu net imposable — par abonnement.
10 Bases des redevances — Revenu net imposable — d'après le comité d'évaluation.
11 Montant des redevances — Fixe, à raison de 10 fr. par kilomètre carré.
12 Montant des redevances — Proportionnelle, à raison de 5 p. % du revenu net.
13 Montant des redevances — Total.
14 10 p. % pour fonds de non-valeurs et frais de confection des rôles.
15 Total.
16 Remises des receveurs des finances, savoir : 1° au trésorier-payeur général, à raison d'un tiers de centime sur l'arrondissement chef-lieu, et d'un dixième de centime sur les autres arrondissements ; 2° aux receveurs particuliers, un tiers de centime sur leurs arrondissements, y compris le dixième du trésorier-payeur général. (Le tout cumulé et réparti au centime le franc du total des redevances, col. 15.)
17 Total.
18 Frais de perception, trois centimes par franc du total qui précède (col. 17).
19 Total.
20 Frais d'avertissement.
21 Total général.

(2) Ces remises sont calculées sur le total des redevances en principal et du fonds de non-valeurs ; elles sont ensuite cumulées et réparties au centime le franc de ce total (col. 15 du tableau).

un seul et même rôle, où l'on inscrit toutes les mines qui existeraient dans le même arrondissement de perception.

Le rôle énonce les noms, qualités et demeures des concessionnaires, le nom de la mine concédée, celui de la commune où le paiement de la cotisation doit être effectué; l'étendue superficielle de la concession, le revenu net de l'exploitation, et les cotisations de redevances tant en principal qu'en centimes additionnels de toute nature. Il est arrêté et rendu exécutoire dans la forme ordinaire. Sous le n° 42 des cadres annexés à l'instruction générale du 17 juin 1840 (comptabilité des finances), on trouve le modèle de ce rôle.

Les avertissements doivent présenter les mêmes détails.

Au moyen du tableau dont il est parlé ci-dessus, on rédige l'état du montant des rôles sur le cadre n° 7 de la série des modèles d'états trimestriels.

Pour la mise en recouvrement des rôles, pour les copies de l'état de leur montant à remettre à la Préfecture et à la Trésorerie générale, on opère comme d'ordinaire (*Voir* § 40). L'avis d'émission (modèle n° 7) est accompagné d'un tableau dressé dans la forme du registre prescrit par la circulaire n° 458.

Les rôles des mines sout confectionnés au compte du Directeur, qui touche, pour cela, une rétribution fixée (circ. du 26 mars 1838) à 10 francs par commune, et prélevée (art. 57 du décret du 6 mai 1811) sur le fonds de non-valeurs. Cette rétribution, ainsi que celle relative aux avertissements (3 cent. par article) est comprise tant dans l'état trimestriel des dépenses et des crédits que dans la situation mensuelle de la comptabilité administrative adressée au secrétariat général des finances; l'une et l'autre sont soldées au moyen de mandats que le Directeur se délivre à lui-même après l'ouverture des crédits qui y sont affectés.

§ 38.

Rôles de la taxe des biens de mainmorte.

La loi du 20 février 1849, dans le but de remplacer, pour les biens qui appartiennent à des établissements de mainmorte, les droits de transmission entre-vifs ou par décès, a établi une taxe annuelle de 62 centimes 1/2 par franc de la contribution foncière en principal sur les immeubles appartenant aux départements, communes, hospices, seminaires, fabriques, congrégations religieuses, consistoires, établissements de charité, bureaux de bienfaisance, sociétés anonymes, et à tous les établissements publics légalement autorisés.

L'art. 2 de ladite loi a décidé qu'on suivrait pour la nouvelle taxe, les formes prescrites pour l'assiette et le recouvrement de la contribution foncière; en conséquence (circ. du 10 mars 1849, n° 199), les contrôleurs, de concert avec les maires et les répartiteurs, ont dressé un relevé sommaire (modèle A) des propriétés sujettes à la nouvelle taxe.

Pour les années suivantes, les contrôleurs constatent les changements survenus dans la consistance des biens de mainmorte, désignés dans ledit relevé, par suite soit d'erreurs ou omissions, soit de donations, acquisitions, aliénations, échanges etc. (voir art. 74 de l'instruction du 18 décembre 1853). Dans le cas de changements à opérer, il est dressé un état selon la forme du modèle n° 10 annexé à cette instruction; dans le cas contraire, il est fourni un certificat négatif.

Après s'être assuré de l'exactitude des relevés, le Directeur établit la matrice (modèle B) destinée à la confection du rôle. Cette matrice est disposée de manière à servir pendant cinq ans. On y applique annuellement les mutations contenues dans l'état n° 10. Elle désigne les établissements passibles de la taxe et le revenu imposable des biens qu'ils possèdent. Par l'application à ce revenu du centime le franc en principal, on détermine la contribution foncière qu'il supporte, et c'est d'après le chiffre de cette contribution qu'est établie la taxe de 62 centimes 1/2. On y ajoute 5 centimes pour frais d'avertissement, et, une dernière colonne, exprime le total de chaque cotisation Les différentes colonnes sont additionnées et récapitulées à la page finale du cadre de la matrice, et le Directeur constate qu'il s'est assuré de l'exactitude du travail (1).

Le relevé (modèle A) comprend tous les établissements de mainmorte inscrits dans la matrice cadastrale : mais la *matrice* (modèle B) ne comprend pas les articles dont la cotisation ne serait que de 15 centimes ou au-dessous (circ. n° 225).

Le Rôle (modèle C) présente, sur la première page de la feuille de tête, le résumé des détails à comprendre dans le rôle, et à l'intérieur, une simple transcription de ceux contenus dans la matrice. Les sommes à payer sont écrites en toutes lettres à chaque article, lorsque le rôle est définitivement ajusté ; elles sont, d'ailleurs, additionnées au bas de chaque page et récapitulées à la page finale qui se termine, après la signature du Directeur, par un arrêté préfectoral énonçant, en toutes lettres, le montant du rôle.

L'avertissement (modèle D) est une copie littérale de chaque article du rôle.

L'avis d'émission et l'état par commune, du montant de la taxe, sont conformes aux modèles E et F. Ils sont rédigés en même temps que les rôles, afin d'être transmis avec ceux-ci à leur destination respective. Ces pièces prennent le n° 8 dans la série des cadres trimestriels concernant les rôles spéciaux.

L'état du montant des rôles destiné à l'Administration ne lui est envoyé qu'avec l'état trimestriel des rôles spéciaux et supplémentaires. On y joint un tableau récapitulatif, par nature d'établissement, des renseignements administratifs concernant les biens de mainmorte. Ce tableau est conforme au modèle G, rectifié suivant la circulaire du 31 mai 1850, n° 225. Il énonce, en outre, dans une portion de la 15e colonne, et à l'encre rouge, pour chaque nature d'établissement, le montant de la taxe, à raison de 62c5, par franc du principal de la contribution foncière (14e colonne). Le total doit être égal au montant des rôles de ladite taxe, non compris les frais d'avertissement (circ. autog. du 12 janvier 1854). On verra au § 40 ce qui regarde l'état du montant à remettre à la Trésorerie générale.

Ce qui a été dit dans le paragraphe précédent au sujet du paiement de la

---

(1) Les biens qui, *dans le cours de l'année*, deviennent passibles de la taxe représentative des droits de mutation, ne sont imposables à cette taxe qu'à partir du 1er janvier de l'année suivante ; mais si des biens ont été omis dans le relevé dressé au 1er janvier de l'année courante, il en est formé un relevé supplémentaire, ou plutôt on les ajoute au relevé existant, et on en fait l'objet d'un rôle supplémentaire.

dépense relative à la confection des rôles des mines, est applicable ici. Il y a seulement lieu de remarquer que les frais d'impression et de confection des matrices et des rôles sont fixés à 15 centimes par article. Pour les avertissements, la rétribution est, comme à l'ordinaire, de *trois* centimes par article.

On a quelquefois consigné dans le relevé (modèle A) le détail par parcelle des biens à imposer, mais on peut se borner à le rédiger *sommairement*, comme l'indique le modèle annexé à la circulaire nº 199. En y inscrivant toutes les parcelles, la mise au courant devient, chaque année, un travail minutieux et considérable, qui forme, d'ailleurs, double emploi avec les mutations opérées sur la matrice cadastrale. Il semble donc que le dernier mode mérite la préférence; il suffit aux besoins du service, à la condition, toutefois que le relevé sera établi avec exactitude et d'une manière complète. La Direction peut, au reste, une fois pour toutes, en faire la vérification; elle n'aura plus ensuite qu'à y appliquer sommairement les mutations à l'aide de l'état de changement (nº 10) dont il a été parlé plus haut.

Pour qu'on puisse suivre ces mutations de manière à s'en rendre compte constamment, il est nécessaire d'ajouter au modèle A précité, deux colonnes qui indiquent par *entrée* et *sortie*, l'année de la mutation, et dans l'espace réservé à la colonne d'observations, mais sans le supprimer entièrement, deux colonnes pour les *numéros de renvoi.* { tiré de..... porté à....

Au moyen de ces précautions, on peut suivre sans trop de peine et avec toute la précision désirable, les modifications que subit la consistance des biens de mainmorte. Pour ne pas multiplier les états, on pourrait dresser un cahier par perception, en donnant à chaque commune, le nombre de pages nécessaire pour la transcription des articles et pour l'inscription des mutations pendant un certain nombre d'années. Il faut aussi ménager quelques feuillets pour les continuations que les changements peuvent recevoir.

Le tableau G, quoique destiné à résumer les renseignements contenus dans le relevé A, ne présente plus, dans sa seconde partie, les revenus matriciels qui figurent dans ce relevé, mais bien la contribution foncière en principal que supportent ces revenus par nature de propriétés. La formation de ce tableau exige, en conséquence, chaque année, un travail particulier, lequel consiste à faire d'abord, par catégorie d'établissement, le dépouillement général des détails du relevé A, (sans y comprendre, toutefois, les articles qui ne sont pas susceptibles de produire une taxe de plus de 15 centimes) et ensuite à appliquer aux revenus matriciels le centime le franc de la contribution foncière en principal. On ne peut obtenir ce double résultat, qu'en dressant un premier état présentant le dépouillement précité en autant de chapitres distincts que le tableau G renferme de natures d'établissements. Cet état doit, dans une première colonne, contenir un numéro d'ordre, et, à chaque chapitre, désigner la commune de la situation des biens, la dénomination particulière de l'établissement et enfin présenter le relevé des colonnes 12 à 23 du tableau A, c'est-à-dire les contenances et les revenus matriciels. Chaque chapitre est additionné et forme une ligne du tableau G en ce qui concerne la contenance, les revenus devant servir uniquement à établir la contribution foncière. Pour le calcul de cette contribution, on ouvre, sur une feuille séparée, un tableau auxiliaire qui indique, pour chacun des chapitres contenus dans l'état dont on vient de parler :

1° Le numéro d'ordre de cet état ;

2° Le centime le franc de la commune désignée dans la colonne 2 ;

3° Six colonnes pour la contribution foncière, correspondant aux six colonnes des revenus.

Le numéro d'ordre (col. 1) est celui du premier état ;

Le centime le franc est pris sur la matrice (B) et on le porte dans la colonne 2 ; pendant que l'on tient cette matrice, on relève la contribution qui se trouve dans la 4e colonne et on l'inscrit dans la 8e du tableau auxiliaire, puis, à l'aide du centime le franc qu'on applique aux revenus établis dans les colonnes 10 à 14 du premier état, on remplit les colonnes 3 à 7 dudit tableau, de manière à reproduire, en les additionnant, le total déjà porté dans la 8e.

On additionne les colonnes 3 à 8 et on obtient ainsi les éléments nécessaires pour remplir celles du tableau G (nos 9 à 14).

Il est facile de disposer l'état de dépouillement de telle sorte qu'il puisse recevoir les changements annuels et servir indéfiniment, sauf à le retranscrire, lorsque de nombreuses mutations y auront introduit trop de ratures ou quelque confusion (voir les deux spécimens ci-annexés).

Si le procédé qui vient d'être indiqué semble compliqué, on peut adopter, pour la rédaction du tableau G, le moyen suivant :

Ce tableau exige toujours qu'il soit fait, par nature d'établissement, un dépouillement primitif des relevés sommaires (modèle A), dans lequel on ajoute six colonnes pour y calculer la contribution foncière en principal.

En additionnant les divers chapitres de ce dépouillement, on obtient les totaux à consigner dans le tableau G de l'année dans laquelle on opère.

Pour les années suivantes, on dresse, à l'aide des états de changements n° 10, un résumé dans lequel on constate, également par chapitre, et en trois séries de colonnes (contenance, revenu, contribution en principal), les augmentations et les diminutions à faire subir aux résultats de l'année antérieure. On arrive ainsi aux nouveaux chiffres à mentionner dans le tableau G.

Ce mode, qui paraît assez simple au premier abord, présente, dans son exécution, quelques difficultés qui proviennent de ce que, dans les états n° 10, le cadre des renseignements statistiques (col. 13 à 24), au lieu d'augmentations et de diminutions, indique une situation nouvelle qu'il est nécessaire de comparer avec la précédente portée sur le Relevé A, afin de constater, en les motivant dans la colonne d'observations, les différences en plus et en moins à appliquer aux quantités de l'année antérieure. Il importe donc de le faire avec attention, afin que le document à fournir (tableau G) présente l'exactitude désirable, et qu'on puisse consigner à la page finale de ce tableau les justifications qu'elle doit présenter.

L'émission des rôles dont il s'agit a lieu ordinairement dans le courant du premier trimestre de chaque année.

§ 39.

Rôles des droits à percevoir pour frais de visite chez les pharmaciens, épiciers, droguistes et herboristes.

La loi de finances du 31 juillet 1867 a rattaché au budget de l'État, à partir de l'exercice 1868, le produit des droits de visite chez les pharmaciens, épiciers, droguistes et herboristes, qui faisait précédemment partie des produits éventuels départementaux.

Les taxes sont établies conformément aux dispositions de la loi du 21 germinal an XI, de l'arrêté du Gouvernement du 25 thermidor de la même année, de la loi du 23 juillet 1820 et du décret du 23 mars 1859. Elles sont fixées à 6 fr. pour les pharmaciens et à 4 fr. pour les autres professions dénommées plus haut ; les épiciers chez lesquels il n'est pas trouvé de drogues pharmaceutiques n'y sont point soumis.

Le recouvrement en est soumis aux mêmes règles que celles qui sont prescrites pour les contributions directes, et les rôles en sont rédigés par le Directeur, suivant le modèle annexé à la circulaire du 12 mars 1868, nº 468.

Ces rôles sont établis par perception, d'après les matrices dressées par les conseils d'hygiène et de salubrité, et le montant en est relevé sur un état indiquant par arrondissement : 1° le nom des perceptions ; 2° le montant des droits de visite ; 3° le nombre des articles.

Il est fait deux copies de cet état, l'une pour la Préfecture, l'autre pour la Trésorerie générale. Un avis d'émission, portant le nº 9, et dans la forme de celui (nº 6) relatif aux poids et mesures, est adressé à l'Administration.

En outre, une copie de l'état désigné ci-dessus, à laquelle on donne également le nº 9 et qui est intitulée : *Rôles pour droits de visite chez les pharmaciens, épiciers, etc., etc.*, est comprise dans le tableau trimestriel des rôles spéciaux et supplémentaires, dont le développement final doit, de plus, recevoir l'addition d'un compte nº 5 sous la dénomination précitée de : *droits de visite, etc.*

D'un autre côté, l'introduction dans les revenus de l'État de l'impôt en question, exige qu'on fasse subir au *Registre d'inscription* des rôles, au *Résumé général* de chaque trimestre et à l'*état de situation des dépenses et des crédits*, diverses modifications qui sont spécifiées dans un tableau placé à la suite de la circulaire déjà mentionnée, n° 468 (1).

Comme pour les droits de vérification des poids et mesures, auxquels ceux dont il s'agit sont assimilés, il n'est point rédigé d'*Avertissement*.

Quant aux frais d'impression et de confection des rôles, ils sont payés au Directeur, à raison de 3 centimes par article, et imputés sur des crédits du budget du ministère des finances, ouverts à cet effet au chapitre des dépenses diverses.

---

(1) Ces modifications seront nécessairement opérées dans les cadres qui seront ultérieurement imprimés.

§ 40

États du montant à remettre à la Trésorerie générale et à la Préfecture.

Toutes les fois que des rôles spéciaux ou supplémentaires sont rendus exécutoires et transmis aux receveurs des finances, les instructions veulent qu'il soit fourni au Trésorier-Payeur général des *états du montant de ces rôles*. Ces états sont rédigés à l'aide de ceux que la Direction a préparés pour la confection des rôles, ou d'après leurs résultats et sur des cadres disposés de manière à recevoir les diverses indications nécessaires aux écritures de la comptabilité, ainsi que les arrêtés et signatures qui leur donnent le caractère officiel.

(Les imprimés dont il s'agit sont désignés aux nos 245 à 253 du catalogue Dupont (année 1867).

Ceux de ces états qui n'auraient pu être transmis au Receveur général avant les 25 mars, 25 juin, 25 septembre et le 20 décembre, sont ajournés au trimestre suivant (circ. du 21 mai 1838). Toutefois, les rôles de chaque exercice doivent être complétement rédigés et homologués avant le 31 janvier de l'année suivante, et les états du montant des derniers rôles être remis, à cette même date, au Trésorier-Payeur général (circ. n° 385).

La Direction étant tenue de fournir pour le service des bureaux de la Préfecture, une copie de l'état du montant des rôles, il paraît rationnel, et l'expérience a consacré l'utilité de cette manière d'opérer, d'adresser cette copie au Préfet, en même temps que l'envoi est fait au Trésorier-Payeur général de celle qui lui est destinée, c'est-à-dire aussitôt que des rôles spéciaux ou supplémentaires sont rendus exécutoires.

§ 41.

Avis d'émission.

A mesure que des états de la nature de ceux dont il vient d'être parlé, sont remis au Trésorier-Payeur général, l'Administration en est informée par l'envoi d'un tableau qui, sous le titre d'*Avis d'émission*, lui fournit les détails dont elle a besoin pour la tenue de ses écritures.

Ces avis d'émission sont, comme les états du montant des rôles auxquels ils correspondent, au nombre de *neuf*, et concernent, savoir :

N° 1er. — Les rôles spéciaux des impositions supportées par les propriétés de l'État, pour l'entretien des chemins vicinaux ;

N° 2. — Les rôles supplémentaires pour biens sortis du domaine de l'État, ou terrains devenus passibles de la contribution foncière, en accroissement de la matière imposable (loi du 17 juillet 1819 et instruction du 20 du même mois, etc.).

N° 3. — Les rôles d'impositions communales de toute nature ;

N° 4. — Les rôles supplémentaires de patentes : (il doit être adressé à l'Administration avant les 15 mai, 15 août, 15 novembre et 15 janvier ; (circ. n° 385).

N° 5. — Les rôles d'impositions pour frais de bourses et chambres de commerce ;

N° 6. — Les rôles des rétributions affectées à la vérification des poids et mesures ;

N° 7. — Les rôles des redevances sur les mines ;

N° 8. — Les rôles de la taxe établie sur les biens de mainmorte ;

N° 9. — Les rôles pour droits de visite chez les pharmaciens, épiciers, droguistes et herboristes.

Les avis dont il s'agit tiennent lieu, pour chaque espèce de rôles, du *Développement* qui termine l'état du montant des rôles généraux, et servent aussi à mettre au courant le *Registre d'inscription*, qui fait l'objet du paragraphe suivant. Leur forme, après avoir subi divers changements, est actuellement déterminée par les modèles prescrits ou modifiés, savoir :

Par la circulaire n° 466, pour les nos 1, 2, 3, et 4;
— n° 115, pour les nos 5, 6 et 7;
— n° 199, pour le n° 8;
— n° 468, pour le n° 9.

La rédaction en est faite au moment même de l'établissement des états minutes du montant des rôles spéciaux ou supplémentaires; elle consiste à transcrire, dans l'ordre vertical, les sommes totales de la récapitulation finale, en ayant soin de détailler, lorsqu'il y a lieu, certains fonds qui sont parfois agglomérés. On utilise ensuite les cadres ainsi établis, pour remplir, sur les copies des états du montant des rôles destinés au Trésorier-Payeur général, le développement porté à la dernière page. Lorsque celles-ci sont revêtues du visa du Préfet, on complète les avis d'émission en y inscrivant la date de ce visa et celle de l'envoi au Trésorier-Payeur général, et c'est immédiatement après cet envoi qu'on adresse une expédition de l'avis à l'Administration centrale.

(Les imprimés nécessaires à la formation de ces avis figurent aux nos 254 à 260 *bis* du catalogue Dupont de 1867.

§ 42.

Registre d'inscription du montant des rôles.

Une circulaire du 21 mai 1838, a prescrit d'ouvrir à la Direction un *Registre d'inscription* des états du montant des rôles.

D'après le modèle annexé à cette circulaire, le registre est divisé en autant de chapitres et de comptes différents qu'il y a de natures de contributions directes et d'impositions perçues en vertu de rôles spéciaux (redevances sur les mines, rétributions pour vérification des poids et mesures, taxe sur les biens de mainmorte, droits de visite chez les pharmaciens, etc.).

Les frais de bourses et chambres de commerce y figurent également, mais dans des colonnes distinctes, au chapitre des patentes, comme formant une espèce de centimes additionnels à cette contribution.

La forme du registre a dû subir quelques modifications nécessitées par celles qui ont été apportées aux états du montant des rôles, notamment par les circulaires nos 278, 416, 466 et 468.

Aux termes de cette dernière circulaire, on doit ouvrir, à la fin du registre, un état n° 9 (compte n° 5) intitulé : *Droits de visite chez les pharmaciens, épiciers, etc.....*, et qui présente les mêmes colonnes que l'état n° 8 concernant les poids et mesures.

En définitive, le *Registre d'inscription* des rôles doit contenir cinq comptes (même circ., tableau annexe) rangés et numérotés dans l'ordre suivant, savoir :

N° 1, Compte des contributions directes (états nos 1, 2, 3, 4 et 5);
 2, Redevances sur les mines (état n° 6);
 3, Taxe des biens de mainmorte (état n° 7);
 4, Rétribution des poids et mesures (état n° 8);
 5, Droits de visite chez les pharmaciens, épiciers, etc. (état n° 9).

La Direction inscrit horizontalement sur le registre dont il est question, dans chacun des chapitres et comptes qui les concernent, et sur une seule ligne, les diverses sommes en principal et centimes additionnels portées au tableau de développement des états du montant des rôles généraux, colonnes 10, 18, 26 et 34, et aux tableaux du même genre qui terminent les états de rôles spéciaux et supplémentaires arrêtés par le Préfet, au moment de les transmettre à la Trésorerie générale ; arrêté et transmission dont les dates sont mentionnées dans les colonnes 1 et 2 des différents comptes.

A la fin de chaque trimestre, ou plutôt aux 25 mars, 25 juin, 25 septembre, 20 décembre et 31 janvier de l'année suivante (circ. 385) (1), on établit sur une ligne le total des sommes inscrites, pendant le trimestre, dans les diverses colonnes du registre pour rôles spéciaux et supplémentaires, et les totaux sont portés dans les colonnes du *Résumé* qui termine l'état général dont il sera question au paragraphe suivant.

Au-dessous de la ligne du total qui vient d'être indiquée, on reporte le montant des rôles inscrits antérieurement, et, en réunissant les deux lignes, on obtient les résultats destinés à la formation du résumé général dont il sera parlé au § 43. Si dans le trimestre, il n'y a eu qu'une émission de rôles, ce report, on le comprend, devient inutile, et on peut se borner à additionner la dernière inscription avec la ligne qui précède.

Lorsque des rôles généraux ou primitifs ont été annulés et refaits, ou que des impositions extraordinaires ont été supprimées, il en résulte des rectifications en augmentation ou réduction sur le montant des rôles généraux ou spéciaux déjà émis. Dans l'un et l'autre cas, après avoir additionné les colonnes du registre, on inscrit à l'encre rouge, au-dessous de cette addition, les modifications en plus ou en moins produites par les rectifications, et on ramène les chiffres à leur total exact. Le motif de ces changements est annoté dans la colonne 3 des états nos 1 à 5 du compte no 1er, et c'est lorsque la situation définitive est établie, qu'on dresse le relevé trimestriel ainsi que le résumé général.

---

(1) D'après les circulaires nos 341 et 358, les rôles supplémentaires du 4e trimestre, les rôles des mines, des biens de mainmorte, des poids et mesures et des droits de visite (circ. no 468), émis postérieurement au 20 décembre et jusqu'au 31 janvier de l'année suivante, font partie des produits de l'année à laquelle ces rôles appartiennent.

§ 43.

État général du montant des rôles émis pendant le trimestre.

Les rôles spéciaux sont expédiés à différentes époques dans le cours de l'année, et ceux concernant les patentes supplémentaires doivent, comme on l'a dit plus haut, être mis en recouvrement avant le 15 des mois de mai, août, novembre et janvier ; et, à chaque émission, ainsi qu'on l'a rappelé dans le § 39, la Direction est tenue de remettre au Trésorier-Payeur général et à la Préfecture un état du montant des impositions que ces différents rôles contiennent.

Quant aux états à fournir à l'Administration, il a été réglé, par la circulaire du 20 septembre 1827, que ceux des rôles tant extraordinaires que supplémentaires expédiés pendant chaque trimestre, et avant les 25 mars, 25 juin, 25 septembre et 20 décembre (circ. du 21 mai 1838), et 31 janvier de l'année suivante (circ. nos 385 et 468), seraient réunis en un seul cahier, renfermé dans une feuille de tête, présentant, à la troisième et à la quatrième pages, en cinq chapitres ou comptes, le développement du montant des rôles de toute nature, établis dans le cours de chaque trimestre, limité aux dates précitées et concernant les diverses taxes qui, par leur nature ou par assimilation, font partie du service des contributions directes.

Le cahier destiné à l'Administration, arrêté par le Directeur et revêtu du visa du Préfet, est adressé au Directeur général, dans la première quinzaine (circ. du 28 février 1834), ou au plus tard, dans le premier mois (circ. du 26 mai 1837) du trimestre suivant. Celui qui concerne les rôles émis du 20 décembre au 31 janvier de l'année suivante, est transmis du 1er au 15 février (circ. 358).

La feuille de tête des états trimestriels, établie suivant le modèle annexé à la circulaire du 8 février 1838, est actuellement rédigée d'après les modifications successivement introduites par les circulaires nos 72, 261, 278, 438 et 466.

Les tableaux intercalaires à placer dans cette feuille de tête sont désignés par la même série de numéros (1 à 9), et par les mêmes titres que les avis d'émission dont le détail est énoncé dans le § 40. Leur forme est déterminée par les modèles prescrits ou modifiés par les circulaires des 8 février 1838, 3 avril 1840 et 19 juillet 1852, pour les nos 1, 2, 3 et 4, rectifiés conformément à la circulaire no 466.

Du 3 avril 1840, pour les numéros 5 et 6;

Du 8 février 1838, pour les nos 6 et 7;

Du 10 mars 1849, no 199 pour le no 8;

Du 12 mars 1868, no 468 pour le no 9.

(Ces divers tableaux figurent aux nos 252, 261 à 268 du catalogue Dupont).

Leur expédition est une simple copie des minutes dressées au moment de la confection des rôles, en opérant des réunions de colonnes, ou en laissant de côté certaines colonnes auxiliaires que, pour la facilité des calculs, on aurait été dans le cas d'ouvrir sur ces minutes.

Quant au développement final, on relève dans le sens vertical et par compte du *Registre d'inscription*, le *total* des sommes inscrites horizontalement pendant le trimestre, dans les colonnes et aux différents tableaux de ce registre. On s'assure, d'ailleurs, de l'exactitude de ce relevé en réunissant les totaux des différents états intercalaires, ou à l'aide des divers avis d'émission expédiés pendant le trimestre et dont l'ensemble doit produire le même résultat.

§ 44.

Résumé général des rôles mis en recouvrement.

Antérieurement à 1838 (circ. du 20 décembre 1837), on n'envoyait à l'Administration qu'une seule fois pour l'année, un résumé général du montant des rôles émis du 1er janvier au 20 décembre. La circulaire du 21 mai 1838 a modifié cet ordre de choses, et réglé que le résumé serait dressé tous les trois mois et qu'il présenterait le montant de tous les rôles généraux, spéciaux ou supplémentaires, mis en recouvrement depuis le commencement de l'année jusqu'à la fin du trimestre auquel il s'applique.

Aux termes de la même circulaire, les états de rôles spéciaux qui n'ont pu être transmis au Trésorier-Payeur général avant le 25 des mois de mars, juin et septembre étaient ajournés au trimestre suivant, et ceux qui n'avaient pu être fournis avant le 20 décembre, notamment l'état des rôles de patentes du 4e trimestre, étaient rattachés à l'exercice subséquent ; mais les circulaires nos 341 et 358, en maintenant au 20 décembre la formation du résumé du 4e trimestre, ont décidé que les rôles qui viennent d'être cités, ainsi que ceux des redevances des mines, de la taxe des biens de mainmorte et des rétributions des poids et mesures, auxquels il faut ajouter ceux des droits de visite chez les pharmaciens, etc. (circ. no 468), émis du 20 décembre au 31 janvier de l'année suivante, seraient rattachés à l'exercice auquel ils se rapporteraient. En conséquence, les écritures qui, sur le Registre d'inscription, devaient s'arrêter au 20 décembre, sont prolongées jusqu'au 31 janvier, époque de la clôture de l'exercice pour les rôles des contributions directes et des taxes assimilées ; et, du 1er au 15 février suivant, il est dressé un résumé définitif des rôles de l'exercice expiré, lequel est envoyé à l'Administration avec l'état du montant des rôles émis depuis le 20 décembre (circ. no 385).

En ce qui concerne la forme et la nature des renseignements qu'on doit y trouver, le Résumé général des rôles, après avoir subi divers changements, doit actuellement être établi conformément au modèle annexé à la circulaire n°466, en ayant égard à l'ordre des comptes suivant l'indication énoncée dans le tableau annexe de la circulaire n° 468. Quant à sa rédaction, après avoir arrêté aux époques prescrites (25 mars, 25 juin, 25 septembre, 20 décembre et 31 janvier suivant) le *Registre d'inscription*, on relève les résultats qui y sont constatés, sur le cadre du *Résumé*, en transcrivant verticalement les totaux du registre dans les colonnes correspondantes, c'est-à-dire par contribution et par compte. Les totaux définitifs de chaque Résumé trimestriel doivent reproduire ceux du précédent, plus l'augmentation qui résulte du développement final de l'*État trimestriel* du montant des rôles, avec lequel il est adressé à l'Administration, en simple expédition, à l'expiration des quatre trimestres, et en double expédition dans la première quinzaine de février de l'année suivante (circ. n° 440). De plus, et aux termes de cette même circulaire, il est remis au Trésorier-Payeur général une copie de ce document, tant à la fin du quatrième trimestre qu'à l'expiration du mois de janvier de la seconde année de l'exercice.

§ 44.

Annulation de rôles ou d'impositions comprises dans les rôles généraux ou spéciaux.

Il peut arriver que des erreurs commises dans les rôles généraux et reconnues seulement après leur émission, exigent le renouvellement de ces rôles.

Il arrive aussi que des arrêtés de la Préfecture annulent des rôles spéciaux d'impositions communales extraordinaires, ou simplement des impositions de ce genre comprises dans les rôles ordinaires (circ. des 28 février 1834, 7 février et 21 mai 1838).

Dans ces différents cas, le montant des états transmis soit pour les rôles généraux, soit pour les rôles spéciaux, est susceptible de subir des modifications. Les augmentations ou diminutions doivent être soigneusement notées sur le *Registre d'inscription* (circ. du 21 mai 1838), et il faut, de plus, en informant l'Administration des faits qui les ont produites, lui fournir les moyens de rectifier ses écritures.

Lorsqu'un rôle ordinaire, par suite d'une erreur matérielle, doit être annulé et remplacé par un nouveau rôle, la mesure est ordonnée par un arrêté du Préfet.

Dans le cas où, par suite de transposition, on aurait attribué à une commune le contingent d'une autre (cas qui n'est guère admissible avec les précautions que l'on prend), il y aurait compensation et, dès lors, pour l'ensemble du montant des rôles, il n'en résulterait ni augmentation, ni diminution ; il suffirait alors de rédiger un tableau rectificatif des communes que la transposition affecterait et d'en adresser copie au Trésorier-Payeur général, à la Préfecture et à l'Administration ; mais il n'y aurait aucune mention à faire au *Registre d'inscription.*

Ce tableau rectificatif consiste simplement à relever sur un cadre du montant des rôles généraux (1re partie) les diverses sommes pour lesquelles la commune figure dans l'état primitif, et sur une seconde ligne, les sommes à attribuer à la même commune, puis enfin à faire ressortir les différences que produit la rectification, et qui, comme on vient de le dire, doivent se neutraliser et n'avoir aucune influence sur les résultats généraux.

Dans le cas où il serait reconnu nécessaire de supprimer un rôle spécial, il en est donné connaissance à l'Administration, en lui envoyant, avec une copie de l'arrêté qui prononce l'annulation, un état qui indique les réductions à opérer sur le montant des diverses contributions.

Lorsqu'il est seulement question de réduire un rôle d'une imposition reconnue inutile, il n'est pas nécessaire d'annuler le rôle, on procède suivant la marche indiquée par la circulaire nº **184**, c'est-à-dire qu'on rédige et soumet à l'approbation du Préfet un état collectif de dégrèvement, en forme d'ordonnance, indiquant, par article, les sommes dont les cotisations seront réduites; le total de cet état est déduit du montant du rôle, et, comme dans le cas ci-dessus, on adresse à la Direction générale une copie de l'arrêté préfectoral et un état présentant, par contribution, le détail des sommes diminuées afin que les écritures puissent être rectifiées. On fournit également une copie de ces états de réduction à la Préfecture et à la Trésorerie générale, pour que les registres qui y sont tenus soient mis en concordance avec celui de la Direction.

Lorsqu'il est procédé, sur la demande des communes, à la formation d'états de réduction ou à l'annulation de rôles, les frais en sont réglés par le Préfet, et l'indemnité allouée au Directeur est imputée sur le fonds des cotisations municipales. Si l'annulation provenait d'une erreur commise par la Direction, ou si un oubli de sa part nécessitait l'émission d'un rôle spécial, les frais resteraient à sa charge (circ. du 7 février 1838).

S'il arrive qu'un rôle s'adire, il suffit que le Préfet autorise la Direction à en dresser un *duplicata*, aux frais de qui de droit.

§ 45.

Rôles des prestations en nature.

La loi du 21 mai 1836 a confirmé le principe déjà consacré par celle du 28 juillet 1824, de pourvoir, par la prestation en nature, à l'entretien des chemins vicinaux et elle a indiqué les règles à suivre pour l'assiette de cet impôt.

En vertu de cette loi et afin de parvenir à un établissement régulier de la prestation, il est formé, pour chaque commune, un état-matrice des contribuables qui doivent y être assujettis (instruction du 24 juin 1836).

Les contrôleurs des contributions ont été chargés de la rédaction primitive de cet état, sur des imprimés fournis par le Directeur (circ. des 12 et 15 septembre 1836 et modèle y annexé). Ils doivent aussi constater, chaque année, les changements survenus parmi les redevables et dans le nombre et la nature des objets passibles de la prestation (circ. du 27 février 1837).

Les changements sont appliqués, dans la commune, sur les états-matrices mêmes, avec annotation des motifs dans la colonne d'observations, et les maires et répartiteurs désignent, dans l'arrêté final, les articles rayés, modifiés ou ajoutés (circ. du 7 avril 1837 et 11 mars 1840).

Les états-matrices qui ne devaient d'abord servir que pendant trois ans (circ. du 12 et 15 septembre 1836 et modèle y annexé) sont disposés maintenant pour une durée de quatre ans (circ. n° 76) et le renouvellement qui, selon les cas, devait en être fait par les contrôleurs ou par le Directeur (circ. des 11 et 12 mars 1839), est aujourd'hui confié exclusivement à ce chef de service (circ. du 2 avril 1842). Enfin, à l'ordre alphabétique qui devait être constamment suivi, on a permis de substituer l'ordre topographique (circ. du 16 mai 1845, n° 76), quand la demande en est faite par l'autorité locale.

Lorsque l'époque est venue d'exécuter ce renouvellement, il y est procédé suivant la marche prescrite par les circulaires des 12 mars 1839, 2 avril 1842 30 avril 1850 et 10 mai 1858.

A partir du 1er août (circ. nos 409 et 453), on adresse à l'Administration une situation mensuelle indiquant par contrôle :

1° Le nom et la résidence du contrôleur ;

2° Le nombre des communes du contrôle ;

3° Le nombre des états-matrices dont le renouvellement a été opéré ;

5° Le nombre des états-matrices restant à renouveler.

Pour les autres années, la Direction additionne et récapitule les états-matrices à mesure que l'envoi en est fait par les contrôleurs (circ. du 7 mai 1837). Il est procédé ensuite à la confection des rôles et des avertissements (modèles annexés aux circ. des 12 et 15 septembre 1836), c'est-à-dire que l'on transcrit les noms et les bases de cotisation des redevables ; mais on attend, pour déterminer les taxes, que le Conseil général ait fixé la valeur de chaque espèce de journée (circ. ann.). A partir de ce moment, jusqu'à l'achèvement de la confection, il est adressé à l'Administration, de mois en mois, un état qui présente, dans la forme tracée par la circulaire du 12 mars 1839, la situation du travail.

Aussitôt que le tarif de conversion en argent est arrêté par le Conseil général et que le Préfet l'a notifié au Directeur, au moyen d'un tableau qui indique, par commune : 1° la date des délibérations des conseils municipaux ; 2° le nombre de journées à imposer en vertu de ces délibérations, ou d'après une fixation faite d'office, on complète les rôles et les avertissements, c'est-à-dire qu'on établit la cotisation de chaque redevable, en appliquant au nombre de journées, indiqué dans ledit tableau, les taxes énoncées dans le tarif.

Les rôles sont rendus exécutoires par le Préfet (circ. du 12 septembre 1836) et ils doivent être achevés et envoyés aux Receveurs des finances à la fin d'octobre, de manière qu'ils puissent être transmis dans les communes pour y être publiés dans les premiers jours de novembre (circ. des 14 et 15 juin 1838, 7 août 1843, n° 10.)

L'état du montant des rôles est formé, comme pour tous les impôts de quotité, par le relevé des totaux des matrices ; il est rédigé d'après le modèle joint à la circulaire du 12 septembre 1836 (1). Dans les départements où le Conseil général établit des tarifs différents pour les pays de plaine et les pays de montagne, il n'est pas superflu, pour acquérir la certitude que le relevé est exact, de le décomposer en deux catégories, et chaque catégorie en autant de parties qu'il y a de nombres différents de journées imposées, — 1, 2, 3, —

---

(1) Le cadre de l'état du montant des rôles dont le modèle est joint à la circulaire du 12 septembre 1836, renferme une colonne destinée au calcul des remises des percepteurs. Aux termes de la circulaire du 3 mai 1841, cette colonne est devenue sans objet; elle peut être supprimée ou laissée en blanc.

Après quoi, on peut, en multipliant les nombres d'unités de chaque nature par le prix du tarif, se procurer la preuve de la justesse des rôles, preuve qu'il convient toujours de se donner.

En principe, le Conseil général peut établir des tarifs différents suivant les localités et les propositions des conseils d'arrondissement. La décomposition par catégorie et d'après le nombre de journées deviendrait un travail très considérable dont l'utilité semble douteuse. Il suffit de s'assurer que les taxes ont été régulièrement établies d'après le tarif et le nombre de journées voté.

Il est fourni à la Préfecture une copie de l'état du montant (circ. du 12 septembre 1836. Quant à celui qui est adressé à l'Administration (circ. du 3 mai 1841) il présente, *en une seule ligne*, le total des rôles pour le département; on y ajoute, dans la première colonne, l'indication du nombre de communes pour lesquelles il en a été établi, et il est accompagné d'un état des frais d'assiette, conforme au modèle annexé à ladite circulaire. La Direction est dispensée de remettre au Trésorier-Payeur général une expédition dudit état (même circ.).

Il peut arriver que des circonstances imprévues exigent que, dans le cours de l'année, il soit établi des rôles pour des prestations d'abord jugées inutiles (circ. du 28 février 1838). Le montant de ces rôles est inscrit dans un état qui est définitivement arrêté à la fin de chaque trimestre, ainsi que la chose a lieu pour les autres rôles spéciaux.

Au-dessous du total de cet état, on reporte le total de l'état précédent et on en fait l'addition, de telle sorte que le dernier état présente le montant de tous les rôles, mis jusqu'alors en recouvrement pour l'année (circ. des 28 février et 3 mai 1841)

Le tableau trimestriel à transmettre à l'Administration doit donc présenter :

1° Le total des rôles émis pendant le trimestre ;

2° Le total des rôles précédemment émis ;

3° Le total général des deux résultats.

Comme sur l'état primitif, on indique, dans la 1re colonne, le nombre de communes pour lesquelles il a été établi des rôles, et on y joint un état des frais d'assiette suivant le modèle déjà cité (circ. du 3 mai 1841).

Il ne doit point, d'ailleurs, être dressé de rôles supplémentaires pour les personnes ou les objets qui deviendraient imposables dans le courant de l'année (décision du 28 mars 1838), et la Préfecture doit prendre les précautions nécessaires pour éviter qu'il soit fait plusieurs rôles pour la même commune, dans la même année (circ. du 11 mars 1840).

L'indemnité des contrôleurs est fixé à 1 centime 1/2 par article (circ. du 12 septembre 1836), pour la révision annuelle des états-matrices, et à 1 centime (circ. du 12 mars 1839 et 2 avril 1842), l'année du renouvellement, lequel est exécuté par la Direction. Ces indemnités restent les mêmes à l'égard des communes pour lesquelles il n'est établi que la matrice.

Il est alloué au Directeur 4 centimes par article, pour la rédaction des rôles et avertissements et pour la fourniture des imprimés des uns et des autres, ainsi que de ceux des états-matrices (12 septembre 1836), et 4 centimes 1/2 lors de la retranscription quatriennale des états.

Dans le cas où certaines communes se dispenseraient accidentellement de recourir à la prestation et qu'ainsi, il ne serait expédié ni rôle, ni avertissement, il n'est alloué au Directeur qu'un 1/2 centime par article, pour l'impression et la régularisation des états-matrices (circ. du 26 février 1838.

Le montant des indemnités est calculé par commune, sur l'état du montant des rôles remis à la Préfecture (circ. du 12 septembre 1836). Au moyen de cet état, les sommes à recouvrer sur les différentes communes sont centralisées à la Trésorerie générale et dès que cette centralisation est effectuée, ce qui doit avoir lieu dans les deux mois qui suivent la remise de l'état du montant, les indemnités sont payées aux ayants-droit, en vertu de mandats délivrés par le Préfet, sur la proposition du Directeur, qui dresse, dans la forme indiquée par la circulaire du 3 mai 1841, l'état de distribution de la somme *totale* entre lui et les contrôleurs, lequel est intitulé : *État des sommes acquises aux agents des contributions directes pour frais d'assiette des prestations en nature.* (Dans la première colonne, le nom de l'agent précède celui du contrôle).

§ 47.

Rôles de la taxe municipale sur les chiens.

La loi du 2 mai 1855 a établi, au profit des communes, une taxe sur les chiens, et le décret du 4 août suivant a déterminé les formes à suivre pour l'assiette de cet impôt qui est assimilé aux contributions directes.

Les chiens sont divisés en deux catégories : la première, comprend ceux d'agrément ou servant à la chasse ; la seconde, ceux qui sont employés à la garde des troupeaux, des habitations, des magasins et ateliers, ou à guider les aveugles.

Chaque année, du 1er octobre au 15 janvier suivant, (décret du 4 août 1855) les possesseurs de chiens doivent faire, à la mairie, la déclaration du nombre et de la destination des chiens qu'ils possèdent (modèle n° 1).

Cette disposition a été modifiée par un autre décret en date du 3 août 1861, duquel il résulte que les possesseurs de chiens, ayant fait la déclaration voulue, ne sont plus tenus de la renouveler annuellement, mais qu'ils doivent faire connaître les changements qui surviennent dans leurs résidences ou dans le nombre et la destination de leurs chiens.

Du 15 au 31 janvier, les répartiteurs, assistés du percepteur, rédigent, sur des imprimés fournis par le Directeur et adressés au Tresorier-Payeur général, avant la fin du mois de décembre (1), un état-matrice qui présente, au verso de chaque feuillet, les bases de cotisation (modèle n° 2).

---

(1) Il est utile de faire imprimer sur la première page de la feuille de tête de l'État-matrice, au-dessous du tarif communal, un *nota* ainsi libellé :

Les huit premières colonnes du présent état sont remplies par le maire et les répartiteurs assistés du percepteur des contributions directes. Les autres colonnes sont remplies par le Directeur.

Aux termes de la circulaire ministérielle du 24 septembre 1855, les états-matrices doivent être dressés dans l'ordre suivant lequel on fait habituellement le parcours des communes pour les divers recensements.

Il est recommandé à MM. les Percepteurs de faire les inscriptions d'une manière très lisible

Du 1er au 15 février, les états-matrices doivent être adressés au Directeur qui, après s'être assuré de la régularité du travail qui lui est fourni, établit,

---

sans abréviations dans les prénoms, qualités ou demeures; d'établir le total de l'état-matrice non par reports d'une page à l'autre, mais par récapitulation; d'ajuster, en assemblant les feuilles, les lignes du verso avec celles du recto, de manière à prévenir les transpositions; d'éviter toute lacune comme toute intercalation entre les lignes, afin qu'il y ait toujours 20 articles à la page, sauf la dernière; de numéroter les articles, colonne 1, par une série unique de numéros pour tout l'état-matrice, et non par une série recommencée à chaque page, le dernier numéro devant indiquer le nombre total des articles.

Les col. 6 et 7 doivent, comme les 1re et 2e, être remplies dans tous les cas; les 3e, 4e, 5e doivent l'être lorsqu'il y a eu déclaration; la 8e doit contenir une explication toutes les fois que les *déclarations* (col. 4, 5) ne sont pas en concordance avec les *faits constatés* (col. 6, 7). Il ne suffit pas que l'accroissement de taxes à appliquer soit indiqué par la différence des énonciations des colonnes 4, 5, 6 et 7; il faut encore que cet accroissement soit explicitement formulé dans la colonne 8. A défaut d'explication, la différence peut être attribuée à une inadvertance du rédacteur.

Extrait de la circulaire du 11 novembre 1861, de M. le Directeur de la comptabilité générale.

« Un décret du 3 août 1861 a modifié les dispositions des articles 5 et 10 du décret réglementaire du 4 août 1855, en décidant que les possesseurs de chiens ne sont plus tenus de renouveler annuellement leurs déclarations, si ce n'est dans le cas d'un changement de résidence hors la commune ou du ressort de la perception, ou dans celui d'une modification apportée au nombre et à la destination des chiens primitivement déclarés.

» Les maires et les répartiteurs, assistés du percepteur, continueront d'inscrire, dans les colonnes 6 et 7 de cet état, le nombre et la catégorie des chiens à mentionner en regard de chaque imposable, d'après les constatations qu'ils auront faites dans le cours de la tournée dont il est question à l'article 904 de l'instruction générale. Ils auront ensuite à se reporter au registre des déclarations pour s'assurer si ces redevables ont fait ou non la déclaration de leurs chiens.

» Dans l'affirmative, les répartiteurs annoteront, comme par le passé, dans les colonnes 3, 4 et 5 de l'état-matrice, les résultats des déclarations consignées sur le registre, et, après les avoir comparés aux faits qu'ils auront eux-mêmes constatés, ils mentionneront, s'il y a lieu, dans la colonne 8, les explications nécessaires pour mettre le Directeur des contributions directes à portée d'appliquer les accroissements de taxes prévus dans le cas de déclaration incomplète ou inexacte, ainsi qu'il est dit à l'article 905 de l'instruction précitée.

» Quant aux redevables qui n'auraient pas fait de déclaration, il n'y aura, bien entendu, aucune indication à fournir à leur égard dans les colonnes 3, 4 et 5, mais il ne sera pas moins nécessaire d'opérer un rapprochement entre leur position antérieure sous le rapport de la taxe et les constatations faites par les répartiteurs; ce rapprochement pourra s'effectuer au moyen du rôle de l'année qui précédera celle pour laquelle l'état-matrice est dressé.

» L'existence d'une parfaite conformité, entre les faits reconnus par les répartiteurs et ceux qui ont servi précédemment de base à la cotisation prouvera que les possesseurs de chiens n'ont fait qu'un légitime usage de la faculté qui leur est accordée par le décret du 3 août 1861; on pourra, dans ce cas, se borner à insérer dans la colonne 8, les mots *sans changement*. Mais s'il est démontré par la comparaison des éléments dont il s'agit: 1° que le contribuable n'était pas encore imposé au rôle de la commune, soit qu'il ne possédât pas de chiens à cette époque, soit

au recto de chaque feuillet, la classification des chiens selon les faits constatés par le maire et les répartiteurs, et calcule les taxes dues par les imposables, d'après les tarifs fixés par le décret rendu en vertu de l'article 3 de la loi du 2 mai 1855.

On a soin d'éviter qu'il se glisse des lacunes ou des interruptions dans la série des noms sur chaque état-matrice. Toute page entièrement remplie, doit contenir vingt articles.

Les rôles et les avertissements n'étant qu'une simple transcription des détails contenus dans la matrice, se confectionnent en une seule partie (modèles 3 et 4). Les rôles sont certifiés par le Directeur et rendus exécutoires par le Préfet.

L'état du montant des rôles est rédigé dans l'ordre des perceptions par arrondissement et par commune, sur un cadre conforme au modèle annexé à la circulaire du 2 octobre 1855, n° 342, et il est formé du relevé des totaux de chaque matrice, additionné par arrondissement et terminé par une récapitulation générale. Il en est remis une copie à la Préfecture. Le tableau à envoyer à l'Administration ne se compose que d'une seule ligne, présentant le total de la récapitulation finale, avec indication, dans la colonne n° 2, du nombre de communes pour lesquelles il a été rédigé des rôles. En outre, d'après une note autographiée du 21 février 1856, ce total doit être divisé en autant de lignes qu'il y a de catégories de communes soumises à des tarifs différents, en ayant soin de désigner nominativement les communes dans les colonnes 1 et 2, lorsqu'il y en a moins de *cinq* dans la même catégorie, et d'en indiquer seulement le nombre, lorsqu'il y en a *cinq* ou un plus grand nombre.

L'art. 11 du décret du 4 août 1855 et la circulaire ministérielle du 19 mai 1856, ont déterminé le cas de formation de rôles supplémentaires. Ces rôles donnent également lieu à la rédaction d'un état de leur montant, dressé de la même manière que l'état primitif, et sur lequel on doit rappeler les résultats

---

qu'il résidât ou qu'il fût taxé alors dans une autre localité ; 2° qu'il était antérieurement taxé pour un nombre de chiens moindre que le nombre nouvellement constaté, ou pour des chiens de la catégorie inférieure, les répartiteurs devront avoir soin de fournir sur ces faits, dans la colonne 8, des explications suffisamment précises pour que les aggravations de taxes résultant du défaut de déclaration ou de la non rectification de la déclaration antérieure puissent être exactement déterminées. »

La transmission des états-matrices au Directeur doit avoir lieu du 1er au 15 février et afin de prévenir tout retard dans l'émission des rôles, MM. les Percepteurs sont priés de ne pas dépasser cette dernière date.

antérieurs de la même année et constater le total général. Ce rappel est répété sur les extraits trimestriels à transmettre à la Direction générale.

Les frais d'assiette et de recouvrement de la taxe municipale sur les chiens, sont réglés par les circulaires ministérielles des 26 septembre 1855 et 19 mai 1856.

Les receveurs des communes sont rétribués, pour le recouvrement, d'après le tarif des remises concernant le service municipal.

Les percepteurs, pour leur concours à la formation des états-matrices, reçoivent une rétribution de 12 centimes par article.

La Direction n'a pas à s'occuper de ces deux sortes de dépenses.

Enfin, il est alloué au Directeur, pour la fourniture des imprimés relatifs aux états-matrices, aux rôles et aux avertissements, ainsi que pour les frais de calcul des taxes et d'expédition, une indemnité de 6 centimes par article.

Cette indemnité est payée, comme celle des prestations en nature, par la voie des cotisations municipales (art. 520 et suivants de l'instruction du 17 juin 1840), sur la proposition du Directeur qui adresse au Préfet, dans la forme suivante, l'*État de l'indemnité acquise au Directeur des contributions directes pour frais d'impression et d'expédition de rôles de la taxe municipale sur les chiens pour 186 .*

1. Nom de la partie prenante.
2. Nombre d'articles des rôles.
3. Montant de l'indemnité à raison de 6 centimes par article.
4. Observations.

§ 48.

Rôles auxiliaires des fermiers ou locataires.

L'art. 147 de la loi du 3 frimaire an VII oblige les fermiers et locataires à payer à l'acquit des propriétaires la contribution foncière des biens qu'ils ont pris à ferme ou à loyer.

Cette disposition (circ. des 20 et 28 février 1838) a donné lieu, dans son application, à des abus auxquels il a été remédié par l'art. 6 de la loi du 4 août 1844, qui, en même temps, a rempli le vœu manifesté par les conseils généraux de plusieurs départements d'admettre les propriétaires à faire payer par leurs fermiers, la contribution assise sur les biens que ceux-ci tiennent à ferme ou à loyer.

En conséquence, tout propriétaire qui veut profiter de cette faculté doit remettre au percepteur une déclaration signée par les intéressés (propriétaires et fermiers), qui indique sommairement la division de son revenu imposable entre lui et ses fermiers.

Les déclarations (circulaire du 21 septembre 1844 modèle n° 1) doivent être remises dans le courant de décembre ; celles qui parviennent au Directeur après le 5 janvier, n'ont d'effet que pour l'année suivante. Elles servent tant qu'elles n'ont pas été modifiées, et doivent d'ailleurs, par l'addition des différentes portions qu'elles renferment (y compris celles du propriétaire, si toute la propriété n'est pas affermée), reproduire exactement le total du revenu matriciel.

Si le nombre des fermiers est de trois et au-dessous, le percepteur fait lui-même le partage de l'impôt.

Les déclarations qui comprennent quatre divisions et au-dessus, sont adressées au Directeur qui, après en avoir reconnu la régularité et l'exactitude, calcule les cotisations partielles, et s'assure que leur réunion donne exactement la somme portée au rôle général. Il dresse ensuite un rôle auxiliaire par commune (modèle n° 2 de la circulaire précitée) qui énonce la somme à payer par chacun des dénommés dans les déclarations. Ces sommes sont totalisées par propriétaire et transcrites en toutes lettres à chaque article.

Le rôle auxiliaire, certifié par le Directeur, est transmis par la voie ordinaire au Percepteur.

Les frais d'impression et d'expédition des rôles dont il s'agit sont fixés à cinq centimes par article ; ils sont recouvrés et centralisés à la Trésorerie générale au moyen d'états dressés par commune et par perception, et indiquant les noms des redevables avec la somme à recouvrer sur chacun d'eux, par le percepteur. Ces états sont rendus exécutoires par le Préfet (modèle n° 3, circ. précitée).

Le Directeur en fournit aux receveurs d'arrondissement un état récapitulatif par *perception* et au Receveur général la récapitulation par *arrondissement*, dont une copie est transmise à l'Administration centrale.

Le remboursement de ces frais s'effectue au moyen d'un mandat délivré par le Préfet au nom du Directeur et qui se rattache au compte intitulé : frais de confection des matrices, rôles etc., à la charge des communes et des particuliers (1).

---

(1) Ce compte, désigné d'une manière plus générale sous le titre de *fonds de cotisations municipales et particulières*, comprend, en ce qui concerne le service des contributions directes, les frais de confection des rôles relatifs aux taxes spéciales dont il est question dans les paragraphes ci-dessus, n° 44, 45, 46.

§ 19.

Rôles divisionnaires d'articles collectifs compris dans les rôles généraux et autres.

Aux rôles dont il vient d'être question, se rattachent ceux que le Directeur des contributions directes peut être dans le cas de rédiger pour diviser entre les intéressés certaines cotisations établies collectivement dans les matrices et les rôles, sur des biens dont la jouissance appartient à des fractions de communes. (Les habitants du village de...... du hameau de......, etc.)

Aux termes des art. 3 et 4 de la loi du 26 germinal an XI (p. 71 du *Bulletin Dupont*, contribution foncière) la répartition de l'impôt afférent aux biens de ce genre doit être faite par le maire, proportionnellement à la part de jouissance appartenant à chacun des ayants-droit. Mais, dans son exécution, cette prescription pouvant présenter de la difficulté, il a été statué, en combinant les dispositions de la loi précitée et celles des circulaires ministérielles des 9 octobre 1839 et 9 mai 1845 (*Bulletin Dupont*, p. 209 et 81 desdites années), que les rôles dont il s'agit seraient rédigés par le Directeur des contributions directes, d'après les éléments ou renseignements fournis par les autorités locales.

Par suite de cette décision, les maires et les répartiteurs dressent, pour chaque article collectif, un relevé nominatif des individus qui participent à l'usufruit de la propriété indivise, avec l'indication, en regard du nom de chacun, de sa quote-part dans la jouissance.

Ce relevé, revêtu des signatures accoutumées et de l'approbation du Préfet, est transmis au Directeur pour servir de matrice, et c'est au moyen de ce document que le rôle de répartition est confectionné.

Ce rôle, sauf quelques modifications nécessitées par la nature de l'imposition à répartir, est établi dans la forme du modèle n° 2 de la circulaire du 21 septembre 1844 n° 51, et il est bien entendu que, dans la répartition, on cumule, s'il y a lieu, les différentes taxes (contribution foncière, taxe de mainmorte, imposition extraordinaire, etc......) supportées par les immeubles imposés collectivement.

Les frais de confection sont réglés par le Préfet, conformément à la circ. du 9 octobre 1839; ils sont compris dans le rôle et mandatés de la même manière que ceux des rôles de fermiers.

§ 50.

Rôles des taxes perçues au profit des départements, des communes, des établissements publics et des communautés d'habitants dûment autorisées.

Sous la dénomination ci-dessus se trouvent rangées les taxes perçues pour les causes suivantes, savoir :

1° Travaux d'entretien, de réparation et reconstruction des digues, et pour le curage des canaux et rivières non navigables (loi du 14 floréal an XI, 4 mai 1803).

2° Traitement des médecins inspecteurs des bains, fabriques et dépôts d'eaux minérales (loi des recettes de 1842, 25 juin 1841).

3° Rétributions dues par les particuliers, propriétaires ou entrepreneurs d'eaux minérales naturelles (arrêté du 3 floréal an VIII (23 avril 1801) et 6 nivôse an XI (27 décembre 1882);

4° Travaux de desséchement des marais (16 septembre 1807) ;

5° Affouage, pâturage, pavage, arrosage, etc.... (Lois diverses : 14 floréal an XI, budget de 1858...).

La confection des rôles relatifs à ces différentes sortes de taxes qui figurent, chaque année, dans le tableau D annexé au budget, ne constitue pas une des obligations ordinaires des Directions; toutefois, comme on l'a dit plus haut, lorsque leur concours ou celui des contrôleurs est réclamé par l'autorité départementale, une circulaire ministérielle du 9 octobre 1839 veut qu'il ne soit pas refusé ; mais c'est au Préfet, à se faire adresser par qui de droit, les éléments nécessaires pour la répartition des impôts et la confection des rôles, objets auxquels se borne le travail de la Direction.

Le Préfet, sur la proposition du Directeur, règle aussi la forme de ces rôles dont les frais de fourniture de papier et d'expédition, à raison de 3 centimes par article, sont remboursés au Directeur, au moyen d'un mandat délivré à son profit et payable à la Trésorerie générale, sur le produit de l'impôt.

Lorsque les rôles, certifiés par le Directeur, ont été rendus exécutoires, ils sont adressés aux receveurs des finances, qui les transmettent aux agents chargés du recouvrement.

Il est rédigé, pour chaque espèce de rôle, un état présentant par arrondissement et par commune, le montant des cotisations qui y sont comprises ; une copie en est adressée à la préfecture, et une seconde, visée du Préfet, est remise au Trésorier-Payeur général.

Le montant de ces rôles ne figure point dans les comptes généraux ou trimestriels fournis à l'Administration centrale.

Il en est de même des rôles spéciaux dont il s'agit aux §§ 45 à 49.

TABLE ALPHABÉTIQUE DES MATIÈRES.

Pages.

Pages

Grenoble, Imp. Allier. — 6.68.

www.ingramcontent.com/pod-product-compliance
Ingram Content Group UK Ltd.
Pitfield, Milton Keynes, MK11 3LW, UK
UKHW020556180726
13838UKWH00001B/279

9 782329 344416